U0511530

当代旅游发展理论文丛

文化和旅游融合论

戴斌 著

商务印书馆
The Commercial Press
创于1897

图书在版编目（CIP）数据

文化和旅游融合论 / 戴斌著 . — 北京 ：商务印书
馆，2025. — ISBN 978-7-100-24762-7

Ⅰ . F592.3

中国国家版本馆 CIP 数据核字第 2024VR4333 号

权利保留，侵权必究。

文化和旅游融合论

戴斌 著

商 务 印 书 馆 出 版
（北京王府井大街 36 号 邮政编码 100710）
商 务 印 书 馆 发 行
艺堂印刷（天津）有限公司印刷
ISBN 978-7-100-24762-7

2025 年 3 月第 1 版　　　　　开本 787×1092 1/16
2025 年 3 月第 1 次印刷　　　　印张 7¾

定价：58.00 元

《当代旅游发展理论文丛》总序

改革开放以来，我国旅游业从小到大，由弱变强，实现了历史性跨越发展。2012年我国国内旅游达 29.6 亿人次，是世界上第一大国内旅游市场；接待入境旅游者 1.32 亿人次，国际旅游外汇收入 500 亿美元，居全球第四位；国内居民出境旅游人数 8318 万人次，花费 1020 亿美元，已超过德国和美国，成为世界第一大出境旅游市场和旅游消费支出国。当前，我国正在朝着世界旅游强国加速迈进，旅游业的发展环境正面临转折与变革。旅游成为人民生活水平提高的一个重要指标，也是实现"中国梦"的重要组成部分。美丽中国建设正期待旅游业发挥其产业优势和市场潜力率先担起这一历史重任，人民群众正期待旅游业成为令他们更加满意的现代服务业。

旅游业发展面临新形势、新任务，对理论研究也提出了更高、更加迫切的需求，我国旅游业的发展开始进入用理论指导实践的新阶段。改革开放之初，我国新时代的旅游研究和实践同时起步。在过去 30 多年里，我国旅游研究有了一定的积累与沉淀，从引进国外研究理论及成果，到结合旅游产业实践开展研究，获得了一些认识，形成了若干理论成果，对于实践发展起到了较好的支撑作用。但是近些年来，随着旅游研究和实践各自的加速发展，在前进方向上二者出现了偏离，特别表现在相对于旅游产业实践，旅游理论研究表现出一定的脱节和滞后现象。在追求逻辑自洽的自生性机制驱动下，旅游理论研究在方法论和表现形式上出现了工具理性多于价值理性的倾向，对策研究往往被学术圈的人士认为没有理论水平和学术含量，学术期刊发表的所谓主流范式的论文因没有实质内容或创见性的观点又让业界人士敬而远之。我们看到，尽管旅游研究成果从数量上非常丰富，但在支撑产业发展的基础理论领域还缺乏有分量的系统研究成果，学术研究不能真正把握产业运行各方的利益博弈态势，还没有真正形成引领产业发展且具有深邃思想的理论体系。无论是对当代发展理念的阐释，还是发展路径的选择，以及旅游产业未来可能的演化方向，旅游理论建设都明显滞后于时代的发展，使得旅游研究面临被旅游产业主体和更大范围内的学术圈边缘化的尴尬境地。

我国旅游业的发展对理论研究的需求从来没有像现在这么紧迫，以创新的当代旅游发展理论最大限度凝聚社会共识也比以往任何时候更加重要。同时，中国日益成为全球旅游业中的重要组成部分，其影响和地位逐步上升，我们不仅有责任在旅游产业方面为全球做出贡献，在理论发展方面也要为世界旅游发展思想库提供中国的理论样本。在这一背景下，中国旅游研究院倡议集中学界、业界之合力，立足中国国情，围绕当代旅游发展的基础理论和重大问题、关键问题进行系统研讨，出版一套《当代旅游发展理论文丛》，这是于旅游产业实践和理论研究都有大功的好事，我理应给予支持。

是为序。

杜江　博士

国家旅游局副局长

2013 年 5 月 10 日

目　录

导　言

"读万卷书，行万里路"，自古以来就是中华民族的优良传统。从李白到徐霞客，人们在畅游天下的旅程中，领略山河壮美，领悟文化之美，传播和创造文化。1841年，标志着近代旅游业开端的托马斯·库克组织的火车禁酒之旅，也与宗教文化密切相关。在改革开放后兴起的入境旅游中，以北京的长城、故宫和西安的兵马俑等为代表的文化遗产发挥了重要作用。1999年"国庆黄金周"拉开了大众旅游的时代帷幕，世界文化遗产、历史文化名城、国家重点文物保护单位一直都是最重要的旅游吸引物。尽管旅游、文化、文物行政主管部门通过联合发文等形式推动文化和旅游融合发展，但是在2018年机构改革之前，这种融合发展还限于局部和技术层面。

2018年4月，国家正式组建文化和旅游部，学习习近平关于文化和旅游工作的重要讲话，贯彻批示指示精神，在工作层面提出了"以文塑旅，以旅彰文；宜融则融，能融尽融"的指导方针，文化和旅游融合自此进入全局、系统和战略阶段。在以习近平同志为核心的党中央坚强领导下，在文化和旅游系统、旅游行业的共同努力下，文化和旅游融合的理论建设、思想共识、行业管理、产业创新和国际合作都取得了有目共睹的成就。党的十九届四中全会明确要求"完善文化和旅游融合发展体制机制"，十九届五中全会提出"建设一批文化底蕴深厚的世界级旅游景区和度假区，打造一批文化特色鲜明的国家级旅游休闲城市和街区"，二十大明确提出"坚持以文塑旅，以旅彰文，推进文化和旅游深度融合发展"。中共中央的要求已经经由全国人民代表大会通过的《中华人民共和国国民经济和社会发展第十四个五年规划和2035年远景目标纲要》、国务院印发的《"十四五"旅游业发展规划》、文化和旅游

部的部门规章和行业标准转化为国家意志、政府战略和工作抓手。

中国旅游研究院（文化和旅游部数据中心）长期专注于旅游发展重大理论问题和热点、难点问题，并就文化和旅游融合发展进行跟踪研究。早在2018年第二季度，中国旅游研究院就向文化和旅游部党组提交了"文化建设和旅游发展都是为了满足人民的美好生活""市场主体是文化和旅游融合发展的主力军""大数据是文化和旅游融合的突破口"三份专题报告，初步回答了文化和旅游融合发展为什么、依靠谁和做什么的理论问题。通过每年举办的中国旅游科学年会、中国旅游集团化发展论坛和有关专题活动，中国旅游研究院发布了一批论文、著作、研究报告等理论成果，以及文化、艺术和旅游融合创新案例，举办了文物游径设计邀请展。发挥理论研究和数据生产的双重优势，以定性和定量的双重视角，主动对文化和旅游融合发展的热点、难点、重点问题进行跟踪研究。获得国家哲学社会科学重大项目立项以后，更是集中全院骨干和学术共同体力量集体攻关，实现预期研究目标。

在系统总结文化和旅游融合发展成就与经验的基础上，核心研究团队坚持历史进程与逻辑进程相统一的治学风格，践行"以实践的思想指导思想的实践"的价值取向，并以此作为后期创作的根本指导思想。本书延续"当代旅游发展理论文丛"的风格，对结项报告进行知识化、体系化学理升华的同时，一如既往地保持对重大现实问题特别是政策和实践的关心，补充主创作者和核心团队的最新研究成果，努力开创马克思主义指导的当代旅游理论建设新境界。

本书的核心观点及其展开、理论建构与实践印证、文稿撰写均由作者负责。在课题研究的过程中，宋子千研究员、唐晓云研究员对项目组织、实践调研和结项工作做出了贡献、马晓芬博士协助作者完成了初稿整理和文献收集，在此一并表示感谢。

第一章

为旅游赋能思想　为文化
培育市场

改革开放四十多年，特别是党的十八大以来，我们见证了旅游市场繁荣和产业现代化的时代辉煌，也创造了旅游治理体系完善和国家旅游发展理论创新的历史成就。从"迎接一个大众旅游的新时代"，到"文化和旅游融合发展"，再到"推进旅游业高质量发展"，我们走出了一条中国式旅游现代化发展道路。党的二十大报告提出，"坚持以文塑旅、以旅彰文，推进文化和旅游深度融合发展"。"深度"意味着中央对文化和旅游工作提出了新的更高要求。如何科学把握文化和旅游深度融合的理论内涵、价值取向、动能转化和实践进路，是文化和旅游系统、旅游行业必须面对的现实课题。在习近平新时代中国特色社会主义思想指引下，学习贯彻习近平文化思想、习近平经济思想和习近平总书记关于旅游工作的重要论述，牢牢把握"人民的美好生活"这一发展导向，深入探讨"文化和旅游为什么要融""如何融""谁来融""融什么""如何评价融合的效果"等理论和实践问题，稳步推动中国特色、中国气派、中国风格的当代旅游发展理论体系建设，进而实现为旅游赋能思想，为文化培育市场的理论初心和学术使命。

■ 一、新时代旅游业需要与时俱进的理论创新

旅游有创造外汇、扩大消费、促进就业的经济功能，也有弘扬社会主义核心价值观、提升国民素质和传承创造文化的社会属性，新时代旅游业应当是经济、社会、

环境和文化相互统一的，也是相互促进、协调发展的。2020 年 5 月，习近平总书记考察山西云冈石窟时指出："发展旅游要以保护为前提，不能过度商业化，让旅游成为人们感悟中华文化、增强文化自信的过程。"2018 年国家机构改革，组建文化和旅游部，在制度设计上彰显了旅游的文化价值和事业属性。长期来看，"从经济入，从文化出"① 是旅游理论创新的必由之路和学术研究的战略导向②。为此，旅游学者和社科理论界应在历史进程梳理和逻辑进程建构的基础上，从经济与文化的双重视角重新审视旅游在全面建设社会主义现代化新征程中的地位与作用。

1979 年，改革开放总设计师邓小平发表著名的"黄山谈话"，拉开了"入境为主、创汇导向"的现代旅游业时代帷幕。改革开放为旅游业特别是入境旅游发展提供了前所未有的历史机遇。1978 年，邓小平同志会见美国泛美航空董事长西威尔先生，和在座的民航、旅游部门的负责同志们说："旅游业要突出地搞，加快地搞。"国门打开以后，市场是现成的；欧美日韩等发达国家、我国港澳台地区的外国友人和华人华侨来中国大陆、中国内地看一看的愿望是强烈的，旅游市场蓄势待发，旅游政策顺势而为。1987 年，国务院发展研究中心孙尚清先生牵头，联合学术界和政府部门力量，高质量完成了旅游领域首项国家社会科学基金项目课题，提出了"政府主导、适度超前"的发展战略。这一理论指导旅游业走过了高速增长的二十年，特别是入境旅游的"黄金十年"。1989 年春夏之交的政治风波后，旅游业面临的第一次危机，让政府和业界看到了单纯依赖入境市场的潜在风险。1998 年的"亚洲金融危机"标志着入境旅游从高速增长走向常态发展。随之远去的还有传统的理论研究范式：中央定下发展基调，理论界做政策阐释并研究路线图和时间表，通过政策文件转化为国家意志，政府动员社会力量加以落实。

1999 年 10 月 1 日至 7 日，"国庆黄金周"标志着以国民消费为基础的大众旅游时代拉开了历史帷幕。自那时起，城市居民成为出游人群的主体和消费的主力。从需求视角看，大众旅游的初级阶段的市场特征是大基数、稳增长和低消费。2019 年，

---

① 申葆嘉.旅游研究中的经济和文化问题 [J].旅游学刊，1991，（01）：2-5，28.

② 1986 年，尽管当时旅游业主要被作为一个赚取外汇的行业，于光远先生就提出"旅游业是带有很强文化性的经济事业，也是带有很强经济性的文化事业。"1987 年，"旅游经济发展战略"被列为国家哲学社会科学"七五"重点研究课题，由时任国务院经济技术社会发展研究中心（现国务院发展研究中心前身）副总干事孙尚清同志任课题负责人。该课题对我国旅游业发展的基础性问题进行了探讨，其中提出了我们现在熟悉的"文化是旅游的灵魂"，以及"旅游在发展的一定阶段是经济—文化产业，在发展的成熟期是文化—经济产业"等观点。1991 年，申葆嘉教授总结多年从事旅游教育和研究工作的经验，提出旅游研究"从经济进去，由文化出来"，可能是值得探索的一条新路子。

国内旅游市场规模已经超过 60 亿人次，但是单次人均旅游消费还不到 1000 元，全年人均旅游时间还不到 8 天。[①] 从供给视角看，旅游产业呈现明显的市场驱动型的自然增长。中央、地方、集体、民营和外资"五个一起上"，加上"大众创业、万众创新"，旅游市场主体规模空前扩大。2019 年底，注册的旅行社有 38000 家，执证导游达到 70 万名，加上 2 万余家规模以上旅游景区和度假区，30 多万家旅游住宿机构，构成了旅游产业市场主体的基本面。[②] 总体来看，这个阶段的旅游企业发展主要靠自然和历史文化资源，经营方式也比较传统，企业的竞争力、创新力，特别是抗风险和可持续发展的能力总体不高，在三年疫情中暴露了很多问题，处理不好就会落入"大众旅游初级阶段陷阱"。

2018 年的国家机构改革，撤销原文化部、国家旅游局，组建文化和旅游部，文化和旅游融合成为社会各界关注的重点。围绕"为什么融""依靠谁来融""怎么融"等问题的学理性探究，旅游学术界和社科理论界进行了持续探索，形成了一些观点和报告，但是总体上还是以基金申请和发表论文为导向，缺乏与政商两界对话的渠道，也缺乏高水平理论建构的资源和互动对话的底气。面向国家战略和经济建设主战场的发展理论尚未得到有效建构，新时代的旅游学科体系、学术体系和话语体系也没有取得明显进展。当代旅游发展理论需要建立持续而深入的新型互动关系，旅游学者要强化对旅游市场和产业实践的观察思考，在案例研究和数据积累的基础上做好知识化、学理化和体系化建构，要说清楚"大众旅游全面发展新阶段的理论内涵和价值取向是什么""指导思想怎么确立""文化和旅游融合发展是如何链接大众旅游和小康旅游两个大的历史阶段"的问题。当代旅游发展理论的建设过程，也是旅游理论与实践紧密互动，通过思想赋能和价值引领，推进旅游业高质量发展的过程。学术研究要能够提出对当代旅游发展进程和现状的解释框架，也要敢于和善于提出未来的发展方向、指导思想和创新路径，并推动政府和业界的实践发展。

---

① 数据来源：经文化和旅游部批准，中国旅游研究院（文化和旅游部数据中心）授权发布的《2019 年旅游市场基本情况》。

② 数据来源：中国旅游研究院（文化和旅游部数据中心）数据库。

二、新时代的旅游理论创新要坚持马克思主义立场、观点和方法，坚持以人民为中心的发展导向

伴随着全面建设社会主义现代化国家新征程的开启，旅游发展和理论创新的实践基础、发展环境、目标和任务都发生了新变化。无论是旅游实践发展还是旅游理论创新，都必须在习近平新时代中国特色社会主义思想指引下，从中国国情出发，立足大众旅游发展的时代要求，不断满足人民日益增长的美好生活需要，推动旅游高质量发展。

1. 坚持旅游发展理论建设的"人民立场"

"以人民为中心"的发展思想，鲜明回答了"依靠谁发展、为了谁发展"这一发展中的根本问题、原则问题。对于旅游业而言，就是以游客和居民为中心，不断提升城乡居民的旅游参与率、获得感和满意度。

旅游业发展定位要更加关注人民生活水平，特别是精神享受和文化休闲质量的提升。旅游业发展目标有一个从以经济为中心到兼顾经济增长和社会发展的历史演化过程。改革开放之初，发展旅游业主要是为了赚取外汇，政策取向是"入境为主，创汇导向；政府主导，适度超前"[①]。1998年，中央经济工作会议首次将旅游业明确为新的经济增长点。2009年，《国务院关于加快发展旅游业的意见》提出，"把旅游业培育成国民经济的战略性支柱产业和人民群众更加满意的现代服务业"。2014年，《国务院关于促进旅游业改革发展的若干意见》指出，"旅游业是现代服务业的重要组成部分，带动作用大。"新的历史时期，旅游业仍然被视为经济属性强、市场化程度高的产业，并作为促消费、扩内需、稳就业的重要力量。

近年来，随着全面小康社会的建成，旅游在促进人的现代化，助力城市更新、乡村振兴和创造现代文明方面的作用受到更多的关注。观念的变化正在从内到外推动旅游业发展理念的系统变革，旅游业的发展也越来越和经济社会融为一体，本地的美好生活越来越成为吸引外地游客的重要资源，文旅融合、主客共享、协同发展成为旅游发展的关键词。

---

① 戴斌，周晓歌，夏少颜.论当代旅游发展理论的构建：理念、框架与要点［J］.旅游学刊，2012，27（03）：11-17.

2. 美好生活是文化建设和旅游发展的共同目标

党的十九大报告明确提出，我国社会主要矛盾是人民日益增长的美好生活需要和不平衡不充分的发展之间的矛盾。党的二十大报告强调，把实现人民对美好生活的向往作为现代化建设的出发点和落脚点。习近平总书记《在文艺工作座谈会上的讲话》指出，"随着人民生活水平不断提高，人民对包括文艺作品在内的文化产品的质量、品位、风格等的要求也更高了。"在俄罗斯中国旅游年开幕式上的致辞指出，"中华民族自古就把旅游和读书结合在一起，崇尚'读万卷书，行万里路'。"2024年5月17日，习近平对旅游工作作出的重要指示中明确提出了"加快建设旅游强国，让旅游业更好服务美好生活"。

改革开放以来，特别是党的十八大以来，为了全面建成小康社会和中华民族的伟大复兴，中国共产党人带领全国人民在经济建设和民生改善方面进行了理论探索和实践创新，形成载入史册的成就与经验。解决了衣食住行等基本保障之后，人民对幸福的追求开始从物质层面转向精神文化层面，对文化休闲和旅游消费的需求也从"有没有"转向"好不好"，从"缺不缺"转向"精不精"。20世纪80年代，入境旅游快速增长，不仅带来了外汇收入还带来了观念变化。金发碧眼的欧美游客、妆容精致的日韩游客，还有"洋装虽然穿在身，我心依然是中国心"的华人华侨，让人民群众看到了现实的旅游生活，也逐渐认识到了"旅游是人类长存的生活方式，是国民的基本权利"[①]。20世纪90年代，成都郊区农民将"吃有肉、住有楼，还有闲钱去旅游"作为小康社会的生活写照。"世界那么大，我想去看看""生活不只是眼前的苟且，还有诗和远方"等网红文案更是彰显了年轻一代城市白领对远方风景和美好生活的无限向往。

新时代的美好生活需要丰衣足食，也需要诗与远方。随着恩格尔系数稳步下降，城乡居民的非物质需求日渐上升，文化和旅游成为老百姓日常生活不可或缺的刚性需求，文化参与和旅游消费都在快速增长并相互融合，人们的出游活动呈现出"走得更远、留得更久、玩得更有文化"的明显特征。

美好生活是文化建设的宗旨，也是旅游发展的目标。从《诗经》到《红楼梦》，从单田芳的评书连播《岳飞传》到陕北民间的《翻身道情》，从大型音乐舞蹈史诗《东方红》到国家展览馆的《复兴之路》，优秀文化作品在社会发展中一直扮演着自

[①]　世界旅游组织在1980年《马尼拉宣言》中宣示，"旅游是人类长存的生活方式，是国民的基本权利"。

上而下的人文教化角色。但是，当代文化生产的市场化、文化形式的多样化以及价值取向的多元化，也给新时期文化建设带来了很大困扰。虽然体制内的文学创作、艺术表演和影视作品依然是满足人民文化需求的主渠道，但是源于民众娱乐需求、由文化企业按市场规则创作的作品逐渐走入百姓的日常生活。亚文化青年群体与流行文化、互联网、全球旅游活动的结合，加上体制内的文化精英和新文化阶层的系统推动，进一步加剧了市场导向的文化大众化进程。戏剧、舞蹈、交响乐、歌剧等舞台艺术，因其较高参与成本而无法在短期内扩大市场，诗歌、小说、美术、绘画、书法等传统文艺的社会受众有限，电影、电视、短视频、选秀、偶像组合、漫画、电竞等流行文化，却因其参与门槛相对较低、题材接近现实而得到快速发展，同时也存在过度娱乐化倾向。

1999 年，国庆黄金周标志着以国民消费为基础的大众旅游时代的来临。大众旅游初级阶段的消费特征是参与人数多、预算少、"打卡式"游览和近年兴起的"特种兵旅游""平替旅游""反向旅游"，展现了大众旅游的旺盛生命力。随着人们旅游经验的丰富，交通方式的改进和目的地公共服务、商业环境的完善，特别是广大市场主体的创新努力，游客开始追求景观之上的美好生活，在行程中领略自然之美，也领悟文化之美，并从需求侧推动文化传承与创造。

美好生活是文化建设的内驱力，也是旅游发展的新动能。2019 年，全国 5132 家博物馆接待观众 11.47 亿人次。[①] 这个数据与 2017 年（全国 4721 家博物馆接待观众 9.72 亿人次[②]）比已有很大的进步，但是平均至每天、每一座博物馆，潜在接待能力还有进一步扩容空间。以博物馆、图书馆、美术馆和科技馆为代表的公共文化空间，应当也可以成为人民群众的日常生活场景。只有当这些文化符号被日常生活消解了，文化才会像阳光、空气、食物和水一样融入我们每个人的肌体里、血液中，国民素质和生活品质才会得到有效提升。当且仅当文化成为每个人的自觉追求，成为日常生活不可或缺的组成部分，文化建设才有生生不息的内在动力，文化自信才有取之不尽、用之不竭的源头活水，从戏剧场到菜市场才会都成为近悦远来、主客共享的美好生活新空间。

从欧洲、北美、日本、韩国、新加坡等发达国家的经验来看，应既强调国家、地区和民族的文化自信及其承载的共同价值，也致力于建设面向大众的、时代的、

---

① 数据来源：《中华人民共和国文化和旅游部 2019 年文化发展统计公报》。
② 数据来源：《中华人民共和国文化和旅游部 2017 年文化发展统计公报》。

未来的公共文化。2018 年的两个"欧洲文化之都"：马耳他的瓦莱塔市，强调艺术中心也是社区中心，强调民众的参与和年轻人的主创力量；荷兰莱瓦顿市宁可放弃清静的艺术中心，也要把博物馆搬迁到中央社区，还主动引入若干市民和游客广泛参与并自由消费的商业形态。日本东京的丰岛区，结合日均客流 250 万人次的第一大交通枢纽池袋站，打造了举世闻名的漫画高地，并吸引了来自异国他乡的游客到访。人民群众需要文化生活和艺术追求，包括交响乐、歌剧、芭蕾舞等高雅艺术，也包括电影、电视、音乐节、演唱会等流行文化。这是一个民众素质随着经济增长和教育发展自下而上提升的过程，也是一个公共文化机构和艺术工作自上而下普及推广的过程。让文化走出文化界的小圈子，为更多的国民所共享，这是文化建设的重要方向。在新时代文化建设的过程中，文化机构和艺术工作者也应当向旅游业学习，主动拥抱市场，面向当代人的精神要求创造层次多元、类型丰富的文艺作品和文化产品，从供给侧推进文化和旅游深度融合。

受早期入境旅游市场的观光线路和包价团队操作模式，以及仁者乐山、智者乐水等文化传统的影响，我们习惯于把旅游等同于看山看水看风景。不管是旅游资源普查、产业规划、项目开发，还是目的地形象建设和旅游宣传推广，强调的都是好山好水好风光，圈山圈水收门票。即使城市旅游，也是强调景区景点建设。同一座城市、同一个乡村，却被一堵无形的墙隔开而成两个世界：图书馆、博物馆、戏剧场、商业街区、餐饮店是居民的休闲空间，用大巴车连起来的景区、酒店、购物点是游客的观光空间。当大众旅游进入全面发展新阶段，旅行经验日渐丰富的游客借助移动互联网和大数据，广泛进入目的地居民的休闲场所和日常生活空间。为了更好满足广大游客对品质的追求，对目的地文化参与的需求，文化和旅游系统急切需要建构和完善以人民为中心的旅游发展新思维，引入文化新动能，满足人民美好生活新需要，将旅游导入高质量发展新阶段。

■ 三、共同的思想引领和价值的共同创造

努力构建中国特色的旅游学科体系、学术体系和话语体系，需要从大众旅游的人民性、智慧旅游的现代化、绿色旅游的未来感和文明旅游的世界观出发，做新时代文化建设和旅游发展的思想引领者和价值共创者。

1. 强化理论建设和实践指导能力

回顾这些年的发展历程，中国旅游研究院和学术共同体之所以能够取得旅游经济运行分析与预警、游客满意度调查、夜间旅游、研学旅游、避暑旅游、冰雪旅游、美食旅游等系统、地方和行业所认可的研究成果，在于坚持做大众旅游时代的思想者、旅游产业的同行者，特别是以人民为中心的国家旅游发展理论的建构者。坚持以实践的思想推动思想的实践，而不只是做从文献到文献，从实验室到期刊论文的传统学问。在原国家旅游局、文化和旅游部党组的领导下，中国旅游研究院努力成为推动国家旅游业发展和国际交流合作的独立力量，不断强化理论建设和实践指导能力，在推动旅游业创新发展的同时，也自觉接受实践的检验。

理论建设者应当，也可以成为高水平的旅游研究团队，既要发表规范的学术成果，也要输出高水平的原创思想。传统的旅游学术成果多以专著、论文、教材为载体，以解释世界为导向，学者和研究人员是要成名成家的。旅游理论研究和智库建设则要围绕党和国家旅游发展大局，围绕文化和旅游融合发展中心任务，围绕助企纾困、产业振兴等热点难点问题，以内参、专报、数据报告、内部研讨和公开演讲为表现形式，以促进国民旅游权利的实现和产业高质量发展为导向，坚持做理论近卫军、数据特战队和舆论引导员，培养国家需要、行业认可的研究团队。在这个体系中，学者和研究人员需要为旅游赋能思想，为文化培育市场，这是繁荣和发展新时代哲学社会科学的必然要求，也是旅游学科体系、学术体系和话语体系建设的价值取向。

理论建设者应当，也可以成为高素质的旅游宣传团队，既要向同行传播，也要向业界宣传文化和旅游融合发展的理论成果。围绕文化和旅游融合研究，无论基金立项、组织交办，还是自主选题，只要有了相对成熟的阶段性成果，就要有意识地提报、发表和传播，自觉接受理论和实践两个方面的检验，不断丰富和完善当代旅游发展理论。在发表阵地和平台的选择上，不能自我封闭在传统学术的小圈子里，既要发表规范严谨的学术论文，也要有些有创见的理论文章，还要形成具有实践指导意义的资政建议。现代旅游理论建设和学术研究，要适应大众传播和产学研活动的现实需求，主动走出书斋，善于利用现代传播渠道与受众接触，让理论掌握群众，成为推动文化和旅游融合高质量发展的现实动能。

理论建设者应当，也可以成为文化和旅游融合发展工作队，既要落实中央和地方的工作部署，也要独立开展面向未来的创新项目。哲学社会科学领域高水平的理论成果从来就不是关在书斋里苦思冥想出来的，而是在市场一线和生产实践中干出来的。创造出来的理论成果水平高不高，也不完全是由同行通过提交的结项报告评出来的，而是通过实践检验加以证明的，只有经由历史检验而留存下来的才能成为经典。"两弹一星"的功勋科学家、"杂交水稻之父"袁隆平、青蒿素发明者屠呦呦，还有第一批获得"中国绿卡"的阳早、寒春夫妇，无不是把论文写在祖国的大地上，把科研成果应用于社会主义现代化建设的进程中。旅游领域的学术研究和理论建设，从一开始就不是，将来也不可能是为了个人的成名成家，而是用集体攻关的科研组织方式，重点解决国家旅游发展进程中的重大课题和难点问题。从这个意义上讲，文化和旅游融合研究并不是一个纯粹的理论问题，更不是由我们想象中的学术共同体独立完成的，而是一个理论与实践连续互动，理论界、学术界、产业界和政府同题共答的历史过程。

理论建设和生产实践当然是有所分工的两个领域，有分工就有专业化，这是自然而然的事情。随着社会分工和专业分工的深化，科研和理论工作可以在越来越细分的领域深化认识、生产理论并溢出知识。但这并不等同于"躲进小楼成一统，管他春夏与秋冬"的闭门造车，也不是动不动就把"从理论上说如何如何"挂在嘴边，把理论简化为学者发表在学术期刊上的研究成果，而是需要自主代入实践一线的工作者，为基层工作解决问题、指导方向。2015年，中国旅游研究院启动了"旅游思想者"项目，通过与市场一线紧密结合的会议、项目和产品，为文化和旅游融合发展的实现提供更多可能，努力做到让文化领域的创作者看到旅游市场的消费潜力，让文化产业的投资者看到长期回报的广阔前景。这需要每一位从事文化和旅游融合的理论工作者和学术研究者，发自内心地认同并带动更多的同行者自觉践行"文之大者，为国为民""学之大者，为国为民"。

2. 探索旅游研究新范式和智库建设新模式

积极探索政府认可、学界认同、行业满意的新时期哲学社会科学研究新范式，以及旅游智库建设新模式。党和国家高度重视哲学社会科学研究和智库建设工作。2014年11月30日，中共中央办公厅、国务院办公厅印发《关于加强中国特色新型智库建设的意见》。2015年11月9日，中央全面深化改革领导小组第十八次会议通过《国家高端智库建设试点工作方案》。习近平总书记主持召开中央全面深化改革委员会第十二次会议，通过了《关于深入推进国家高端智库建设试点工作的意见》。建设中国特色新型智库是党中央立足党和国家事业全局作出的重要部署，要精益求精、注重科学、讲求质量，切实提高服务决策的能力水平。中国特色的新型智库不同于西方国家为特定利益群体服务的游说者，也不是封建社会为帝王将相谋权术的策士，更不是为地方官僚写公文扬政绩的师爷和门客；而是在党的领导下，坚持以人民为中心，服务"两个一百年"的中国梦，提供高水平的资政建言成果，同时有效引导舆论、开启民智，讲好新时期的中国故事。作为有中国特色的新型智库，包括获得立项资助的国家社科重大课题的研究开展，都必须坚决服从并自觉服务于中央关于文化建设和旅游发展的战略部署。这是马克思主义立场、观点和方法在旅游研究领域的必然要求，也是构建文化和旅游融合发展理论的根本遵循。离开这一点，相关的学术研究和理论建设就会偏离应有的方向。

理论工作者要系统学习习近平新时代中国特色社会主义思想，深刻领会习近平文化思想、习近平经济思想、习近平生态文明思想、习近平大国外交思想，以及习近平总书记关于旅游工作的重要论述，贯彻落实习近平总书记关于文化和旅游工作的批示指示精神。旅游理论建设和学术研究必须坚持党对哲学社会科学研究的绝对领导，必须坚持以"促进全体人民的文化权益和旅游权利"为导向。旅游理论工作者要围绕文化和旅游部门、各级党委和政府的中心工作，服务文化和旅游深度融合和高质量发展的大局，做旅游产业发展的坚定促进者。坚持科学原理和权威数据支撑，以高度的理论自信和学术自觉把文化和旅游深度融合、高质量发展、体制机制的立与破、路径与任务共同构成的国家旅游发展理论体系建立在科学的基石上。

理论工作者要到市场一线去，到产业一线去，倡导并践行"灵活机动的调查，深入细致的研究"。文化和旅游融合研究是大众旅游全面发展阶段新课题，需要新的学风、文风和作风。不能一谈文化，就是戏剧场的舞台艺术，就是博物馆、美术馆的陈列作品，就是诗歌、散文、小说、广播、电影、电视、曲艺。这些固然是文化的表现形式，是文化工作的重要领域，但更要看到其中"以文化人"的价值追求和历史传统。读万卷书、行万里路，是中华民族的优良传统，是美好生活的题中之义，也是增强国家认同、增强文化自信的有效途径，而不仅是看看异国他乡的风景民俗这么简单。过去这些年，旅游业在市场化的道路上走得很远，取得了不少令人自豪的商业成就，而游客的不文明行为，市场宣传和商业实践中的文化内涵不足、优质产品供给乏力、发展质量不高等问题也需要加以重视、反思和改进。从社会主义核心价值观和国民素质提升的角度出发，应持续丰富和完善"以文塑旅，以旅彰文"的理论内涵，不断提升"宜融则融，能融尽融"的实践指导力。有了理论自信，才会有行动自觉，才可能将上网冲浪、休闲旅游、会议交流、走动和聊天等日常活动中的随机调查、日常研究置于和企业访谈等正式调研同等重要的位置，并帮助研究团队找到理论建设的突破口。要在行动中研究，在研究中行动，形成"行动、研究、再行动、再研究，直至完善"的理想模式。

理论建设者要加强与国际国内旅游、文化、经济、社会、科技等领域，与学界、业界和政界的广泛交流。学术交流不能只局限于学界同行之间的交流，要以更加开放的姿态、更加宽广的视野，与国际国内学术界、实业界和政府管理部门做坦率而深入的交流，以更加广泛的共识推进文化和旅游深度融合。在交流研讨的过程中，要倾听各方面的意见与建议，包括批评性的意见和建设性的建议，要尽忠竭智，积极回应投资机构、市场主体和管理部门的现实诉求。理论工作者不能只满足于解释世界，而应该与产业界和政府一同去改造世界。理论研究要把握获取基层信息和一手数据的宝贵机会，不断激发创新动力。当且仅当旅游学术共同体以独立的力量登上文化和旅游融合发展的时代舞台，为了人民的文化权益和旅游权利付出所有的才情和努力，才能实现为旅游赋能思想，为文化培育市场。

第二章

文旅融合怎么样　听听游客怎么说

　　坚持以人民为中心的发展理论，就要将"人民群众的满意就是最大的政治"落到实处。具体到旅游领域，则要坚持"游客至上，服务至诚"，以游客满意度倒逼旅游管理体制机制和供给侧结构性改革，完善旅游基础设施、公共服务和商业环境，培育旅游投资机构和市场主体，进而推动旅游业高质量创新。消费驱动的旅游经济是一个动态演化的开放体系，广泛涉及以旅游者为主的消费主体、以企业为主的市场主体、以政府为主的管理主体，以及行业协会、社区居民、志愿者、科研教育机构，等等。在众多的利益相关者中，旅游者是最重要的，也是旅游质量的最终评价者。坚持消费视角下的游客评价体系，是改革开放以来的旅游发展实践的经验总结，是以人民为中心的当代旅游理论的建设成果，也是推动文化和旅游深度融合的现实要求。如同城市旅游、旅游消费、游客满意等理论研究和思想建设那样，要做好文化和旅游融合研究，就要走出温暖舒适的书斋，走出干净整洁的实验室，到基层去，到一线去，到广大游客中间去，通过走访、调查、会商、研讨，倾听游客、企业者和社区居民的真实声音，了解他们的喜怒哀乐和所思所想。

■ 一、游客满意是旅游业的初心，也是使命

　　以人民为中心是以习近平同志为核心的党中央治国理政的出发点和落脚点。在党的十九大报告中，习近平总书记再次强调了"以人民为中心"的发展理念，指出：

"新时代我国社会主要矛盾是人民日益增长的美好生活需要和不平衡不充分的发展之间的矛盾。"习近平总书记就文化和旅游发展一系列重大理论和实践问题作出重要论述，极大丰富和发展了我们党对旅游的规律性认识，为推进旅游业高质量发展提供了根本遵循和行动指南。国家的法律、政策和行政导向也明确指向"游客满意度提升"这一战略目标。2009 年，《国务院关于加快发展旅游业的意见》明确提出"把旅游业培育成国民经济的战略性支柱产业和人民群众更加满意的现代服务业"的战略定位。满足人民群众日益增长且日渐变化的旅游休闲需求，提高包括游客在内的国民福祉正在成为国民旅游发展战略体系的核心目标。[①]

1. 人民对"诗和远方"的追求，就是旅游人的奋斗目标

旅游是修身养性之道，是增强文化认知和国家认同的有效路径。通过书生意气的研学、家国天下的旅行，旅游活动与文化习得、创新创造及文明养成结合在一起。改革开放四十多年来，我国走过了发达国家近二百年走过的道路，实现了从旅游资源大国向旅游大国的转变，正在向旅游强国迈进。20 世纪 80 年代初期，我国依托北京、西安、桂林、上海、广州等城市，开发自然和历史文化资源，吸引外国人、海外侨胞、港澳同胞、台湾同胞入境中国内地（大陆）旅游观光，很快就成为全球瞩目的旅游目的地。随着收入水平的提高，人们逐渐习惯在周末和节假日外出休闲，旅游开始从少数人的享受转向多数人的消费。1999 年第一个国庆节"黄金周"，共接待国内旅游者 2800 万人次，实现了 141 亿元旅游收入，由此拉开了以国内消费为基础的大众旅游时代帷幕。[②]自那时起，人民群众登上了国家旅游业发展的历史舞台，成了国内旅游和出境旅游的消费主体，成了旅游业创新发展的主导力量。

2013 年 3 月 22 日，习近平总书记在俄罗斯"中国旅游年"开幕式上的致辞中指出："旅游是传播文明、交流文化、增进友谊的桥梁，是人民生活水平提高的一个重要指标，出国旅游更为广大民众所向往。旅游业是综合性产业，是拉动经济发展的重要动力。旅游是修身养性之道，中华民族自古就把旅游和读书结合在一起，崇尚'读万

---

① 戴斌，李仲广，何琼峰，等.游客满意：国家战略视角下的理论建构与实践进路［J］.旅游学刊，2014，29（07）：15-22.

② 1999年国庆节接待旅游者人次，除了2800万的数据，还有一个4000万的数据。2800万人次的数据来源：（张莉，柏杨主编.旅游学概论［M］.合肥：中国科学技术大学出版社，2013：155.）4000万人次的数据来源：国家旅游局政策法规司提供［任佳燕.旅游业已成为国民经济新的增长点——1999 年我国旅游业发展形势分析［J］.中国统计，2000（02）：50-52.］

卷书，行万里路’……旅游是增强人们亲近感的最好方式。"2017 年 9 月，习近平总书记在致联合国世界旅游组织第 22 届全体大会的贺词中再次表示，旅游是提高人民生活水平的重要产业。2024 年 5 月，在全国旅游发展大会上，习近平总书记对旅游工作的重要指示表明了旅游业的社会属性，它是具有显著时代特征的民生产业、幸福产业。

习近平总书记关于旅游工作的系列重要论述深刻把握了旅游业的发展规律，从经济社会发展的高度指明了发展旅游业的根本目的。从实践来看，在人们的温饱问题得到解决之后，以旅游为代表的精神文化需求迅速增长。早在 20 世纪 90 年代中期，曾有农民这样构思理想中的小康生活：吃有肉，住有楼，还有余钱去旅游。2017 年，我国国内旅游已超 50 亿人次，国民人均出游 3.7 次，国内旅游收入 4.57 万亿元；国内旅游人数和国内旅游收入分别同比增长 12.8% 和 15.9%；[①] 2019 年我国国内旅游人次较 2017 年增长 10 亿多人次，国民人均出游 4.3 次，国内旅游收入 5.73 万亿元，国内旅游人数和国内旅游收入分别同比增长 8.4% 和 11.7%。[②] 对于广大城市居民而言，旅游早已成为休闲度假首选。在春节这样最隆重的传统节日里，旅游也日渐成为新风尚，可谓回家、远游两相宜。越来越多的国民走出国门，成为拉动世界旅游增长的重要动力。2018 年政府工作报告在回顾过去五年的成就时，首次提到"出境旅游人次由 8300 万增加到 1.3 亿"，并将这个数据与"五年来，人民生活持续改善"相挂钩。可以说，旅游是人民生活水平提高的产物，也是美好生活的重要体现。2024 年春节 8 天假期，全国国内旅游出游 4.74 亿人次，同比增长 34.3%，按可比口径较 2019 年同期增长 19.0%；国内游客出游总花费 6326.87 亿元，同比增长 47.3%，按可比口径较 2019 年同期增长 7.7%。[③] 假日旅游人潮涌动，人人都是游客，处处都是风景。从城市慢游、围炉煮茶、社交式看展，到庙会、市集、音乐节，从戏剧场到菜市场，风景之上是生活，日常生活场景中人间烟火的温暖和国泰民安的静好已经成为旅游的重要组成部分。

2. 人民对"诗和远方"有了更多的向往和更高的追求

全面建成小康社会后，中国进入社会主义现代化建设新征程，包括旅游在内的

---

① 　数据来源：中国旅游研究院著 . 2018 中国国内旅游发展年度报告［M］. 北京：旅游教育出版社，2018.07.

② 　数据来源：中华人民共和国 2019 年国民经济和社会发展统计公报 . www.gov.cn/xinwen/2020-02/28/content_5484361.htm.

③ 　数据来源：文化和旅游部政府门户网站 . https://www.mct.gov.cn/whzx/whyw/202402/t20240218_951325.htm.

精神享受和文化消费将迎来较长的繁荣发展期。在中国式现代化进程中，受益于经济增长、科技进步、交通改善，特别是可自由支配收入和闲暇时间的增多，旅游市场进一步下沉，旅游消费稳步升级，越来越多的中小城镇和农村居民将成为旅游初体验者。作为拥有 14 亿人口的发展中大国，观光休闲将是人民长期的基础需求，旅游景区、度假区、休闲街区和旅游村镇则是不可或缺的旅游空间和消费场景。随着人们生活水平的提高和旅游经验成熟，度假、康养、研学、自驾、邮轮、游艇、美食、时尚、艺术、体育等旅游新需求持续增长，旅游消费趋于多样性和个性化。人们既有"世界这么大，我想去看看"的向往，也想要"我的行程我做主""我的体验我做主"。游客到了目的地城市和乡村，既要美丽风景，也要美好生活，还要与当地居民分享从戏剧场到菜市场的每一个美好生活新空间。

对旅游业的繁荣保持乐观预期的同时，还要高度关注旅游业高质量发展的一些深层问题。目前，我国人均每个季度出游 1 次、全年的旅游时间不到 8 天，[①] 而发达国家则是人均每个月出游 1 次、全年 15 天左右的旅游度假时长，这说明我国旅游的普及程度还有很大的提升空间。广大农村居民还没有实现基本的观光需求和积极的休闲行为，很难说我们进入了大众旅游全面发展阶段。与入境旅游相关的市场推广、签证、支付、外语服务需要更多的便利化措施，线路、产品、服务需要迭代和创新，旅游投资、项目建设和市场主体培育还处于相对粗放的发展阶段。旅游业发展一定程度上还存在着"人山人海吃红利，圈山圈水收门票"的旧模式，文化创意、时尚生活和科学技术还没有成为创业创新的新质生产力。导游、领队、驾驶员、服务员等一线从业人员的劳动报酬、社会声誉、执业条件还相对较低。世界级旅游景区和度假区、世界级旅游城市和街区、世界级旅游企业建设还处于起步阶段。旅游治理体系和治理能力现代化也面临着一系列有待解决的体制机制障碍，各地还不同程度地存在着"文件一直在发、政策一直在出、大会一直在开、牌子一直在创，问题却没有得到全面、系统和完全的解决"等问题，"等靠要"的传统思维还大量存在，旅游市场内生的自主创新能力明显偏弱。科技、体育、冰雪、避暑、研学、夜间、休闲度假等特色旅游创新示范还缺乏有效的制度支撑，难以形成可借鉴、可复制和可推广的模式。这些旅游业发展进程中不平衡不充分的问题，都需要党领导立法、司法、行政机构，团结和带领社会各界的力量，在高质量发展的进程中逐步解决，这

---

① 数据来源：中国旅游研究院著.中国国内旅游发展年度报告2023［M］.北京：旅游教育出版社，2023.12.

样才能更好地提高人民生活水平，更好地满足人民美好生活需要。

3. 依靠人民，在中国式现代化进程中推动文化和旅游深度融合

习近平总书记在党的十九大报告中指出："人民是历史的创造者，是决定党和国家前途命运的根本力量。必须坚持人民主体地位，坚持立党为公、执政为民，践行全心全意为人民服务的根本宗旨，把党的群众路线贯彻到治国理政全部活动之中，把人民对美好生活的向往作为奋斗目标，依靠人民创造历史伟业。"以人民为中心，就要始终为了人民、相信人民、依靠人民。发展旅游为了人民，解决旅游发展中的问题，也要将人民当作最可依靠的力量。

1993 年 3 月 28 日，针对平潭旅游的发展，习近平同志指出："纵观世界，有的国家靠旅游立国，有的国家旅游业成为经济重要支柱。因此，要教育干部群众充分认识发展旅游业促进平潭对外开放和经济发展的重要意义，统一思想，统一认识。" 2014 年 5 月 15 日，在了解毕节扶贫经验时，习近平总书记指出："贫困地区发展要靠内生动力"，"一个地方必须有产业，有劳动力，内外结合才能发展"。当前，有些地方为了发展旅游业，过度注重招商引资，尤其喜欢大项目、大投资、大企业，广大老百姓却被排除在考虑范围之外，甚至因此产生了企业和当地居民的纠纷。这些现象应该引起足够的重视，按照习近平总书记的指示，充分调动人民群众的积极性，实现外来企业和当地政府、居民的共赢。

将中国特色社会主义思想与旅游具体实践相结合，建设以人民为中心的国家旅游发展理论，指导旅游发展体制机制改革、旅游产业发展和旅游市场创新。旅游固然有经济属性，但是决不能只是从经济的角度思考旅游，更要从民生和社会发展的角度去考虑，推动旅游业发展。我国是共产党领导的社会主义国家，不能搞高端人群享受特权、低端人群无缘旅游那一套，而是要发展平民、平等、平稳的大众旅游，让老百姓"有得游、游得起、游得开心、游得放心"，通过国家文化和旅游领域高端智库建设，切实加强对旅游产业发展规律性、重点难点问题的研究，以实践的思想推动思想的实践，从战略的高度并用务实的措施指导产业实践。在中国式现代化的进程中，国家就是要尽最大努力保障人民群众，特别是广大农村居民和城镇中低收入居民的观光旅游权利，保障广大青少年研学旅游权利。很多事情该不该做、依靠谁来做，只要回到人民立场上来，很容易就有了明确答案。政府的权力是为了保障人民的旅游权利，国家的事情要由国家来办。要建设一批老百姓进得去、用得起的

国民旅游空间、国民休闲设施、国民度假地、国家营地，培育更多近悦远来、主客共享的美好生活新空间，推动国有重点旅游景区降价优惠，支持有条件的地区免费开放。

■ 二、游客是旅游业的尺度，也是文旅融合的评价主体

当代旅游发展已经从少数人的享受走向了大众的日常消费，旅游目的地是生活环境的总和，也是主客共享的美好生活空间。作为目的地文化和旅游消费质量的最直接体验者，游客对感知体验和市场供给适配度最具有发言权，游客视角和消费体验是解释当代旅游现象的基本逻辑。

1. 站在游客立场想问题

在需求拉动和政策推动的双重影响下，各地务实开展了图书馆进酒店、非遗进景区等文化和旅游融合行动。很多文化场馆面向游客增加了专项服务，如故宫博物院与中国旅游研究院合作，研发并实施了《午门区域观众动线优化和服务空间提升方案》，有效提升了入院游客的满意度和获得感。更多的旅游线路和休闲项目融入了文化内容，绍兴的研学旅行、贵州的丹寨万达小镇、黄山的黎阳 in 巷、芜湖的"匠心传承"非遗之旅、瘦西湖景区的"二分明月忆扬州"、南京的"24 小时书房"等，都是经济效益和社会效益相得益彰的文旅融合典范项目。由于理论支撑和实践经验不足，也有部分文化和旅游项目的融合存在着表面化的倾向和简单模仿、"为融而融"的现象。

现有的文旅融合、旅游业高质量发展、目的地竞争等评价体系多从供给侧入手建模和指标分级，以公开发布的统计数据为主要数据来源。这类模型、方法、指标和数据看上去很系统而权威，但是对实践很难起到实质性的促进作用。过去旅游部门做旅游规划、项目建设和宣传推广，研究资源多、研究市场少，有时候就是在与市场较劲。费了很大力气策划出来的旅游口号，投入巨资推广的旅游形象，游客并不买账，并吐槽为"卖家秀"，与现实落差太大。

为贯彻落实习近平总书记"让旅游成为人们感悟中华文化、增强文化自信的过程""让人们在领略自然之美中感悟文化之美、陶冶心灵之美"的指示精神，推动文

化和旅游深度融合，政府和业界需要从需求侧入手，全面调查、系统了解游客的感受，倒逼市场创新以及公共服务和治理体系的完善。但是，游客对文旅融合的评价有客观性，也有主观性；有代表性，也有局限性；有理性认知，也有情绪表达。这就需要专业团队在科学理论指导下，综合运用统计方法和大数据技术，形成政府和业界看得懂、用得上的数据，才能实现"以实践的思想推动思想的实践"这一高能级目标。

中国旅游研究院（文化和旅游部数据中心）对国内 60 座城市和海外 27 个国家和地区连续 45 个季度的监测结果表明：那些经济社会发展水平高、公共文化覆盖面广、文化艺术氛围深厚、市民受教育年限长、市民综合素质高的旅游目的地国家和城市，不论是接待游客数量、旅游收入、企业利润，还是游客满意度评价，都远高于那些经济欠发达、社会欠发展、公共文化建设不完善的目的地国家和城市。这些年不断出现的"天价海鲜""宠物蚊子""雪乡事件"等涉旅负面新闻，很多并不是跟团游客的投诉，也不是在旅游景区发生的事情。但是旅游部门不能说没有跟着旅行社走的就不是游客，也不能因为不是发生在景区内的事情就不管。旅游业既是正面情绪价值的提供者，也是负面情绪压力的承受者。游客评论某地的瀑布景区："从天台县城开了 1 个多小时山路，快到景区门口时那段路还是单行车道。很挤，路很难开，交通指挥也没有。"还有游客评价某山庄："一到酒店大堂，就看到有两个人在抽烟，服务员上前提醒，对方口头答应却没有任何行动。订的园景房，房间很小，而且两个枕头都很不舒服，必须要在下面垫条毛巾才可以。"这些都是景区之外的事情，也是商务和度假的自助旅游者的意见，看上去也没有酿成重大的舆情，可是如果不能加以有效解决的话，旅游目的地的形象就立不起来。地方可能通过自上而下的创建活动而获得国家级和省级的招牌，但是游客要的是真实的体验和触手可及的温暖，一旦感受与期望有落差，就会用脚投票了。

2. 站在游客角度提问题

在文化和旅游融合研究进程中，问卷设计是全部调查和后续分析的基础。相较于扎根理论、李克特量表、德尔菲法等工具和方法，需要更多关注的是问卷设计理念。问卷是为调查服务的，调查是为研究目标服务的。如果本末倒置的话，很容易走上唯技术论的误区，通过专业的统计方法和数据分析模型，把一堆散乱的信息垃圾变成精致的数据垃圾，如是而已。经济学、管理学、社会学、历史学等社会科学都曾经经历过类似的探索，有的走出来了，有的还在迷思中。新时代的旅游研究千万不能再走这个老路。调查不等于统计，不能为了研究的需要就直接向受访者提问，更不能把游客当成同行，或者配合调查的专业志愿者，这样做往往达不到想要的目标。要多用间接提问和聊天式访谈，在与受访者自然互动过程中捕捉有用的信息，由专业研究人员清洗加工，形成调研数据。在有效数据的基础上，经由科学研究，得到问题的答案，这样才能得到游客真实的感受，而不是研究人员自我设定和引导的答案。

在问卷调查之前，要从政治高度和国家层面深刻理解文化和旅游融合发展的战略目标。一是了解城乡居民在旅游过程中多大程度，以及以何种方式参加了文化活动，体验感如何。结合供给侧的调查和访谈，测量供求双方关于文旅融合的现实需求、消费界面和可能路径。二是了解游客是否，以及何种程度上通过文化体验增加了国家认同和文化自信，从而确认文化和旅游融合的效果是否达到了党和国家机构改革的预期目标，在定量监测的基础上加强意识形态和文化安全的对策研究。三是了解游客对不同地区／城市的文化形象、公共文化、考古遗址公园、文博场所、非物质文化遗产、商业休闲文化、现代艺术的感知，为下一步的旅游产品创新和业态发育找到可能的方向。

在开展问卷调查的过程中，要科学设置问题并有序展开调查。有效利用研究机构的自有平台、基础数据和行政资源，对入境和出境游客进行专项调查，确定有效样本量及国家、地区和城市的结构配比。问卷调查的数据收集上来后，需要做进一步的清洗、加工和生产，使之变成可以识别和可以使用的数据。这个过程当然需要一些统计工具和数据分析软件的帮助，但是研究人员必须明白，模型、工具和方法是为了帮助研究人员获得理论展开过程中那些必要的逻辑链条上的数据，而不只是为了让研究人员做统计练习题。这就要求研究团队，包括项目负责人、理论工作者、数据生产者和科研助理必须准确、完整地理解研究目标和问卷设计意图。例如，询问受访者"在日常生活和旅行过程中去过哪些文化场所或者参与过哪些文化活动"，要明白其隐含假设是"在惯常环境中喜欢去文化场所和参与文化活动者，到了非惯常环境，会倾向于体验当地文化"。顺着这个思路，就可以厘清更多的数据关系，进而挖掘数据背后的逻辑，特别是对"旅游是否能够，以及在何种程度，通过何种路径提升国民的文化自信"这个核心问题做出定量分析和定性研判，提出学理和数据双重支撑的理论观点。

在清洗数据和形成初研报告之后，还需对数据进行综合研判，并撰写调查报告。就像年度体检拿到了各种理化检验单，接下来就是主诊医生的专业判读。这个阶段需要各个领域的研究人员进行专业会诊，并做出对核心问题的专业判断。例如，游客究竟在多大程度上感受到了文化和旅游融合？制约文化和旅游融合发展的主要因素是什么，文化的门槛太高，还是游客素质太低，或者管理者、经营者和消费者之间的沟通有问题？目的地公共文化和文化市场供给，游客是满意还是不满意，程度如何？对这些问题的回答，不能预设前提，也不能总想着决策机关和舆论场要听什么，而是要以平台、数据和团队研究为基础，做客观的统计和科学的研究，即使结果不那么令人满意，甚至得出了"亚健康"的结论，这也是来自游客最真实的、最体现当下实践的最好结果。

三、游客眼中的文旅融合

为了科学研判文化和旅游融合的进程、现状和未来走向，系统了解城乡居民对文化和旅游市场的需求及他们的消费特征、满意度、获得感，中国旅游研究院国家社科重大课题组根据研究目标专门设计了调查问卷，分别于 2020 年 6 月和 11 月，对游客视角下的文化和旅游融合程度进行了两次专题调查，有效样本均超过了 10000份，样本范围包括 31 个省、市、自治区的城乡居民（本章节下文数据皆源于此调研结果，后文不再一一赘述）。调研发现，文化和旅游融合能够有效提升全国游客满意度，对城市形象传播和旅游推广产生了积极影响。同时调查结果也显示，现阶段的文化和旅游融合还处于初级阶段，各地主要以历史遗迹、非物质文化遗产和文博场馆的专题展陈来推进文化和旅游的融合发展，还缺乏面向当代的文化内容创造和面向居民的文化生活培育。为促进旅游业高质量发展，提升文化自信，增强国家认同，需要加强理论建设，提升文化事业、文化产业和旅游业的共同体意识，引入市场机制和专业力量，推动文化和旅游更深程度、更大范围、更高层次的融合发展。

1. 文化和旅游是人民美好生活不可或缺的组成部分

随着经济社会发展和居民生活水平的提高，城乡居民的精神需求不断升级，文化和旅游消费占比持续提升。文化和旅游已经成为人们休闲、放松以及学习的主要方式之一。九成受访者喜欢和非常喜欢旅游，八成受访者表示在日常生活中喜欢或非常喜欢参加文化消费。城乡居民一年四季的出游意愿均在80%以上，节假日则超过90%，这意味着旅游已经进入了人民群众的日常生活。城乡居民对文化和旅游的向往，构成了文化和旅游融合发展最为坚实的社会心理基础。过去对旅游的理解是看山看水看风景，而现在越来越多的游客在行程中既要美丽风景，也要包括文化、艺术和娱乐消费在内的美好生活。那些在惯常环境和日常生活中对文化活动有偏好，喜欢去图书馆阅读、去美术馆看展、去戏剧场看剧听音乐的居民，一旦离开惯常环境，以游客的身份到了异国他乡，大概率会有意愿体验目的地的文化。29.2%的受访者希望在旅游过程中多安排文化体验活动，78.3%的受访者希望在旅游的过程中参加文化体验活动。游客对文化日益增长的需求，为文化和旅游深度融合奠定了坚实的市场基础，拓展了广阔的发展空间。

随着旅游经验的丰富，游客对景观之上的美好生活空间的体验需求持续增长。旅游从一开始的名山大川、世界文化遗产、5A级景区等必游必玩的"短时、少频、多景点、一站式"的大巴旅游模式已经转向周末休息出去"耍一下"的"长时、多频、高自主"的日常化旅游模式。就像有网友所说的那样，"阅遍千山万水，回首只想周末去重庆吃个火锅"。近70%的受访者每半年至少旅游一次，选择跟团游的受访者仅有22.6%，低于自驾游的35.3%和公共交通工具的40.5%。旅游时长则有所增加，56.4%的受访者出游时间长于4天。旅游已经不仅仅是半个月做计划、车行三天两夜的低频高消品，而是"说走就走的自驾游""只有你想不到，没有做不到的定制游""边玩边学的研学旅游"，游客越来越倾向于异地文化和生活消费。一年一次以上旅游的受访者中平时和旅游时都喜欢参与文化体验活动的占比高于70%，每周都外出旅游的受访者中非常喜欢日常文化消费的占71.3%，喜欢在旅游过程中安排文化体验活动的占比近80%；受访者中与朋友/同学和家人同行出游的比率明显增高，分别为26.2%、35.3%，旅游的异地场景在向当地民众的日常生活方式转变。舒适、融入和深度走近或走进当地日常文化空间则为文化和旅游融合发展提出了更精细化的要求。

2. 主客共享的文化空间让旅游更加美好

无论是居民还是游客，他们的文化需求都具有显著的时间连贯性和空间同质性。文化场所不仅是本地居民生活、学习和休闲的公共服务空间，也是游客探访的文化体验和旅游消费空间。随着旅游进入城乡居民的日常生活和游客进入城乡居民的生活场景和休闲空间，文化场所和文博场馆已经成为游客和居民共享的休闲、娱乐、科普和学习的美好生活新空间。游客在惯常和非惯常环境中所选择的文化体验项目趋于相同，博物馆、美术馆、文化馆、文化站和文化中心更受大众喜爱，平时经常去博物馆的游客中超70%的人旅游时也会去博物馆；本地居民对于主题乐园、电影院、图书馆等文化场景的参访比例高于游客；游客和居民也会去书店、展览馆、剧院和剧场类文化场所，虽然与博物馆、主题公园和电影院相比，参与热度要低一些。值得关注的是，游客和市民对政府举办的文化遗产活动，以及民众自发休闲场所的关注度还需要进一步提高。

随着国民受教育程度的不断提高，高学历和大城市的游客对旅游消费和文化体验需求变得明显高于平均水平，他们对各类文化场所的选择比率都高于50%。北京、天津、上海、广州等城市居民选择近距离旅游的比率高于70%，多数城市的常住居民选择近距离旅游的比率均在40%左右，200公里左右的出游距离并不会让游客体验到明显的文化差异。随着科技的不断进步和发展，人们的出游距离和停留时间都会随之延长，对目的地文化场馆和生活空间的品质化、包容度提出了更高要求。

3. 人民群众对文化和旅游融合的期待更高

从游客对目的地文化信息的获取渠道上看，"图书、报纸、期刊""广播、电影、电视"以及"互联网门户网站"占比均高于40%；"亲朋好友""明星代言"和"旅行社/OTA"占比均低于20%。值得关注的是，通过大中小学教材获得目的地信息的受访者拥有最高的获得感和满意度，这意味着游客对于教材和官方媒体的认同感和信任度相对较高。从游客游前和游后对旅游目的地文化价值的感知来看，目的地的文化吸引力主要来源于"历史文化名城、国家文物保护单位、著名的非物质文化遗产"，红色旅游的吸引力次之，游客的认同度和满意度较高。其中，国家和地方政府对历史文化名城的保护力度受到了极度的认可。多数游客对于文化吸引力的认知还是停留在传统文化景观上，对于现代文化和当代文明的认知度和体验感还有待提高。虽然游客对目的地生活方式、文化展演、地标建筑的兴趣越来越高，但是本地文化生活和时尚消费尚未成为核心旅游吸引物。游客对文旅融合的获得感和满意度总体较好，但是获得感（81.92）低于满意度（86.42）。这意味着游客对当地文化的了解程度并没有达到预期。

　　文化和旅游的融合发展可以促进游客满意度提高，提升游客的当地文化认知和体验感。城市游客的满意度和获得感高于乡村，游客对文化底蕴丰厚、经济社会发达的城市（如北京、上海、广州等），海滨旅游城市（如青岛、大连等），以及国家历史文化名城（如沈阳、太原等）的文旅融合评价较高。那些游客满意度较低的城市，普遍存在"了解不到、留不下来、传不出去"问题，近五成的游客认为"停留时间较短"、旅游过程中"人太多"。"票价高、听不懂、观景不如听景、无参与感"等问题，也是游客在旅游过程中较为关注的痛点。如何创新文化表达方式，特别是传统文化的现代表达，有效提升游客对地方文化的体验感、满意度和获得感，成为文化和旅游深度融合的关键任务。

第三章
文献的历史纵深和现实关注

习近平总书记在党史学习教育动员大会上指出："树立大历史观，从历史长河、时代大潮、全球风云中分析演变机理、探究历史规律，提出因应的战略策略，增强工作的系统性、预见性、创造性"，并强调"进一步把握历史发展规律和大势，始终掌握党和国家事业发展的历史主动"。习近平总书记的重要论述集中展现了新时代中国共产党人学习历史、运用历史的科学态度，是马克思主义唯物史观的具体运用和创新发展，为旅游理论工作者的文献阅读、创造性转述、政策设计和政府评估指明了方向，明确了路径。

■ 一、多元文献与交叉审视

文献研究是理论工作者从事科学研究的基本功，是方向找寻、主题确定、项目展开的基础和前提，这与问题导向和实践意识是并行不悖的，也是相互统一的。传统的学术研究，主要从阅读大量的专业文献开始，通过文献综述和创造性转述梳理先行者的学术贡献，进而找寻研究方向的理论价值和实践意义。对于文化和旅游融合这一兼具政治、政策、公共管理和研发、创新、产业演化多学科背景的研究对象而言，如果文献研究仍然局限于专业学者公开发表的学术论著，显然是不够的。新时代的旅游学者要有宽广的空间格局和深邃的历史视野，广泛阅读政策文件等政府公开信息、文化和旅游厅局长会议纪要、地方政府旅游发展大会总结、行业新闻、企业案例、上市公司年报、行业会议或论坛总结、企事业单位档案等非学术文献，以及报纸、杂志和互联网平台上的专业文章。只有一手文献才能帮助学者养成类似于考古工作者的手感，在经典文献阅读和创造性转述中建构起现场感。在广泛阅读的同时，研究人员要沉到基层去，离一线近些、近些、再近些。

1. 文献研究要有历史纵深感和现实穿透力

理论建设和科学研究离不开概念、公理、假设、建模、调查、检验等专业训练，离不开必要的工具、方法、案例和实验，更离不开广泛的文献阅读。只有使用科学方法和专业工具，对来自实践一线的信息做耐心细致的定性和定量研究，才能发现演化规律和现实问题，才能提出有针对性的策略和建议。为此，研究者必须扩大文献阅读的范围和信息检索的来源，包括管理实践和市场实践过程中留下的白色和灰色文献，也包括机关和企事业单位任何可以查阅的历史档案。文化和旅游融合研究人员不能只靠图书馆和实验室，而是从一开始就要有档案意识，尤其要注意自主收集的专项数据和访谈资料。

对好不容易收集来的文献，要亲自研读，理出纵横交错的历史线索和现实方位来。就如同优秀的考古学者都看重现场，对出土的器物一定要亲眼看、亲手摸不可。没有经由成百上千次的触摸得来的"手感"，想要成为专家是不可能的。对于旅游理论工作者和专业研究人员来说，收集文献、阅读文献、对文献进行分类分层，进而形成可转述、可扩展、可创新的知识图谱，是不可或缺的基本功，阅读档案文献和收集灰色文献则必须系统而持续地亲力亲为。浪沙淘尽始到金，很多重大的科学发现和理论创新就是从最原始的资料里获得的。科斯（Ronald H. Coase）翻阅电话黄页，触发了他对企业边界的思索，最终形成了后人命名的"科斯定理"。① 费孝通先生驻村访户经年累月，方有社会学经典著作《江村经济 中国农民的生活》。② 毛泽东同志考察湖南农民运动，调查寻乌农村经济社会状况，让"农村包围城市""星星之火，可以燎原"有了坚实的实践基础。③ 有人读书习惯从作者引用的注释中去找经典文献，再从经典文献的源头开始读，历史的纵深感自然而然就出来了。读万卷书与行万里路，从来都是不可分割的，是有机统一的。

---

① （美）科斯著；盛洪等译.企业、市场与法律［M］.上海：上海三联书店，1990.10.
② 费孝通著.江村经济 中国农民的生活［M］.北京：商务印书馆，2001.03.
③ 毛泽东著.星星之火，可以燎原［M］.北京：人民出版社，1951.10.

获取丰富的第一手数据和专业文献后，研究者还要善于借助文献互证、文献计量、可视化软件知识图谱（如 CiteSpace、Rost 等）等经典方法和现代工具，发现研究对象的演化规律，进而引领文化和旅游融合新的研究方向。这些方法和工具应用于学术研究，绘制与研究主题相关的关键词、发文作者、发文机构和载文期刊的相关信息，从而帮助研究者直观且清晰地分析本领域研究进展和总体特征。这些工具和方法也可以应用于市场研究和公共传播，在定期的专题报告中，通过词云和热力图，对游客满意度、企业获得感和研发创新等细分领域获得直观的印象。对于非专业受众来说，这比单纯的文字和传统的图表更容易理解和传播。需要指出的是，文旅融合研究的理论成果和数据产品不仅是写给学界同行看的，还是写给党政领导和企业家看的，目的是要对实践起到实实在在的影响与作用，也就是我们常说的"理论立得住、数据说得清、数据用得上"。如果受众听也听不懂、用也用不上的话，影响和作用便无从谈起。

2. 文旅融合的专业文献梳理及其可视化呈现

截至 2022 年 9 月 13 日，以"主题 = 文化和旅游融合 + 文化产业和旅游产业融合 + 文旅融合 + 文化和旅游结合 + 文化产业和旅游产业结合 or 题名 = 文化和旅游融合 + 文化产业和旅游产业融合 + 文旅融合 + 文化和旅游结合 + 文化产业和旅游产业结合"为检索条件，在 CNKI 共查找到相关文献 1.17 万篇，各类别数量分别为：学术期刊 6958 篇（其中核心期刊 1015 篇），学位论文 1229 篇（其中博士论文 74 篇），会议论文 270 篇，报纸 1412 篇，特色期刊 1717 篇等。以上文献中，2018 年以后发文的为 9330 篇，占比为 79.41%，除 2018 年发文 614 篇，2019 年 1509 篇，2020 年至 2022 年每年发文量均高于 2000 篇（表 3-1）。这意味着 2018 年文化和旅游部的成立，极大提升了理论战线和学术界对文旅融合的研究热情、资源配置和成果产出。

表 3-1　文化和旅游融合相关研究学术文献类别

（单位：篇）

类型	总数	2018 年以后
全部	11749	9330
学术期刊	6958	5444
核心期刊	1015	743

续表

类型		总数	2018 年以后
学位论文	博士论文	74	42
	硕士论文	1155	796
会议		270	214
报纸		1412	1114
图书		20	12
成果		11	10
学术辑刊		131	113
特色期刊		1717	1583

* 根据 CNKI 数据梳理，截止日期为 2022 年 9 月 13 日

到目前为止，理论界关于文化和旅游融合的研究大体可以分为觉醒探索和自觉建构两个阶段。

2009 年以前，关于文化和旅游融合的专业文献只有 50 篇，主要集中于文化旅游专题研究。文化于旅游的意义、旅游于文化的作用还没有得到学术界的关注，也没有形成文化和旅游融合发展的共识。部分来自市场一线的企业家和有文化背景的旅游学者认识到文化和旅游是相互作用、相互促进的，并就两者之间的关系形成了有启蒙意义的理论观点。延楠认为，旅游的真正含义和最终目的，还是文化；[①] 于光远提出，旅游业是带有很强文化性的经济事业，也是带有很强经济性的文化事业；[②] 孙尚清提出，旅游消费具有很强的文化性质。[③] 2009 年以后，旅游学术界的文化意识开始觉醒，文化和旅游融合进入概念导入和自发探索期。2009—2017 年，关于文化和旅游融合的发文量共有 2281 篇，每年约 500 篇（图 3-1），以对文化和旅游产业融合发展的初步探索和与文化旅游产业相关的研究为主，如文化产业与旅游产业的融合发展、红色旅游开发、文化和旅游产业的互动发展、旅游景区与文化元素的融合、文化旅游产业发展等。

2018 年文化和旅游部成立后，文化和旅游融合研究进入了理论建构的新阶段，

---

① 黑辰红.让文化与旅游完美结合——访河南禅源文化旅游公司总经理延楠 [J].改革与理论，1999（03）：62-63.

② 于光远.旅游与文化 [J].瞭望周刊，1986（14）：35-36.

③ 孙尚清.发展旅游经济的战略思考 [J].管理世界，1989（01）：120-125.

平均每年发文量高达 2300 篇，占总发文量的 79.41%。如图 3-1 所示，研究主题广泛涉及文化和旅游的关系、融合的目标、内涵与外延、融合的主体、动机和路径、融合效应与评价等，研究主题集中于博物馆、图书馆、乡村旅游、红色旅游、旅游演艺等。

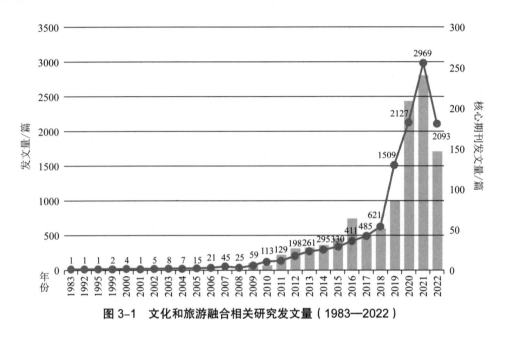

图 3-1　文化和旅游融合相关研究发文量（1983—2022）

* 根据 CNKI 数据梳理，截止日期为 2022 年 9 月 13 日

　　通过关键词出现的频率、中心性等指标，我们可以系统了解文旅融合的热点和趋势，而共现分析有助于我们了解学者和研究主题之间的结构关联。借助 CiteSpace 软件，我们截取中心性前 30 的数据（表 3-2），从频率、中心性两大指标分析可知，文旅融合、产业融合、发展、研学、乡村旅游、图书馆、博物馆、红色旅游等是文化和旅游融合研究的热点主题。产业融合、乡村旅游、红色旅游关注度一直较高，而文旅融合、图书馆、研学旅行、博物馆的关注度相对较低。文旅融合与博物馆、图书馆、智慧旅游等具体项目关联度较高，而文化产业和旅游产业融合与业态、动力机制、资源、经济、模式等关联度较高。在文旅融合、旅游产业、产业融合、文化产业、融合发展、融合、旅游业、图书馆、全域旅游等 9 个突现关键词中（图 3-2、图 3-3），产业融合和文化产业是突现最早的关键词，与 2010 年原文化部和国家旅游局政策发布有关；文旅融合一词则于 2019 年突现，恰好对应了文化和旅游部成立。

产业融合是持续时间较长的突现关键词，也一直是经济学和地理学关注的重点问题。

表 3-2　国内文化和旅游融合相关研究关键词中心性前 30 信息表

序号	频率	中心性	关键词	年份	序号	频率	中心性	关键词	年份
1	389	0.81	文旅融合	2016	16	14	0.02	文旅产业	2014
2	114	0.29	产业融合	2010	17	13	0.00	研学旅行	2020
3	106	0.18	旅游产业	2009	18	12	0.02	茶文化	2007
4	102	0.13	文化产业	2009	19	10	0.03	旅游资源	2009
5	68	0.14	融合发展	2012	20	10	0.03	模式	2011
6	49	0.18	乡村旅游	2004	21	10	0.01	红色旅游	2009
7	44	0.10	旅游业	2003	22	10	0.01	发展路径	2020
8	41	0.13	融合	2009	23	9	0.02	发展	2003
9	41	0.08	文化旅游	2005	24	9	0.00	阅读推广	2019
10	40	0.02	乡村振兴	2018	25	9	0.01	体育产业	2012
11	39	0.09	旅游	2007	26	9	0.01	体育经济	2016
12	28	0.00	图书馆	2019	27	9	0.01	全域旅游	2017
13	19	0.01	文化	2012	28	8	0.02	创新	2013
14	18	0.02	博物馆	2018	29	8	0.02	对策	2009
15	14	0.01	民族地区	2011	30	8	0.12	体育旅游	2002

* 数据来源：根据 CNKI 数据梳理，截止日期为 2022 年 9 月 13 日

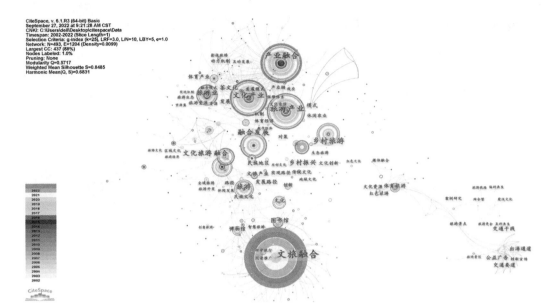

图 3-2　国内文化和旅游融合关键词共现图谱

* 数据来源：根据 CNKI 数据梳理，截止日期为 2022 年 9 月 13 日

关键词	统计起始年份	突现强度	最早突现时间	最晚突现时间	2002—2022
文旅融合	2002	41.99	2019	2022	
旅游产业	2002	12.2	2012	2018	
产业融合	2002	9.82	2010	2018	
文化产业	2002	8.29	2010	2015	
融合发展	2002	8.03	2012	2017	
融合	2002	6.1	2014	2018	
旅游业	2002	5.97	2011	2014	
图书馆	2002	4.06	2020	2022	
全域旅游	2002	3.32	2017	2019	

图 3-3　国内文化和旅游融合突现关键词

* 数据来源：根据 CNKI 数据梳理，截止日期为 2022 年 9 月 13 日

■ 二、"三定"规定、官员履历与工作记录

2018年之前，原国家旅游局是国务院直属机构，行政级别为副部级。2018年4月，国家撤销原文化部和国家旅游局，组建文化和旅游部，为国务院组成部门，接受中共中央宣传部的领导。到2019年，除西藏自治区外，各省级人民政府相继组建文化和旅游厅（局、委），市、县两级政府也分别组建相应机构，主导地方文化和旅游融合发展工作。在中国语境下，无论是对融合现状的研判，还是面向未来的改革创新，都离不开对主管部门、系统、条线及其组成人员的研究。体制和机制最终体现在各级政府及其组成部门、办事机构的"三定"规定当中。由中央和地方机构编制部门确定的职能、机构和编制，是机构设立和改革的纲领性文件，是包括中国旅游研究院（文化和旅游部数据中心）在内的每一家体制内机构的身份证和户口簿。不了解国家和地方文化和旅游行政主管部门的"三定"，公共管理和产业政策的学术研究只能提出一些诸如"政府主导、高位推动、统筹兼顾"等放之四海而皆准的抽象命题。在文旅融合的行政实践过程中，具体的行政事务是由各级文化和旅游部门党组决策，由内设司、局、处、科等拥有行政权力的公务人员落实的。在决策和实施的过程中，既能看到行政官员对行政中性原则的理性遵循，即"法无授权不可为"；也能看到领导干部对社会企业家精神的主动践行，即"积极担当，主动作为"。这是中国国情使然，不能简单地套用西方的政治、经济和公共管理理论来解释丰富多彩的中国实践。

1. "三定"规定及其调整

收集整理省（自治区、直辖市、新疆生产建设兵团）、市（计划单列市、副省级城市、地区、自治州）、县（区、盟）各级文化和旅游行政主管部门的"三定"规定，是建构中国特色的旅游学科体系、学术体系和话语体系的有效路径。这方面的信息和数据都是公开的，可以到部门的官网查取。把收集来的"三定"信息列出表格，比较其同中之异和异中之同，就可以获得一些直观的结论。比如绝大多数省级主管部门的名称统一为"文化和旅游厅（局）"，只有重庆市是"文化和旅游发展委员会"，海南省是"旅游和文化广电体育厅"，西藏自治区则是旅游发展厅和文化厅分设，地市和区县级主管部门命名基本与上述名称保持一致。从各省文化和旅游厅（局、委）来看，办公室、人事处、财务处、机关党委、离退休工作处、机关服务中心、信息中心成为机关综合处室和直属单位的标配。业务处室也基本相同，除了与

文化和旅游部对口的资源开发处、市场监管处、产业处、国际处、政策法规处、艺术处、公共服务处、非遗处，还有一些地方特色的处室，比如北京文化和旅游局的"地区协调处"，主要负责京津冀一体化和对口业务支援。值得关注的还有文物局的设置，多数省（自治区、直辖市）是分设正厅级的文化和旅游厅、副厅级的文物局，文物局局长由文化和旅游厅党组成员、副厅长兼任，也有部分省（自治区、直辖市）如北京市和山西省是分设正厅级文化和旅游厅（局）、文物局，还有的省（自治区、直辖市）是一个机构、两块牌子，即文化和旅游厅（文物局）。有的省市文化和旅游厅厅长还是同级党委的宣传部副部长，有的则不是。至于地市县区一级，情况更为多样。越往下，合并的机构和事项越多，县区一级很多都是把文化、文物、旅游、体育、广播、电影、电视相关的部门合在一起；开发区、保税区、新区管委会的内设机构则更为精简，用"社会局"一块牌子把很多职能都归并了。倒是应了俗话说的，"上面千条线，下面一根针"。不掌握这些情况、信息和数据，要开展高水平的文化和旅游融合研究，特别是体制机制研究是不可能的。

中国旅游研究院国家社科重大课题组为此搜集了全国31个省级文化和旅游厅（局、委）、90个副省级城市和地级市，以及67个县区级文化和旅游主管部门的职能配置、内设机构、人员编制方案、直属机构等相关数据和信息，研究发现如下。

一是文化和旅游部门越往下职能越扩展，编制越减少。从中央，到省级、地市、县区，越往下，文化和旅游部门整合的职能越多。多数县区一级单位融合了文化、文物、旅游、体育、广播电视和电影管理等职能。从人员编制和直属机构来看，则是逐级减少的。地方主管部门在现实中要对应多个上级部门，更多精力用于文件传达、项目报送、检查评比。

二是省级文化和旅游主管部门，无论是名称还是内设机构，主要是"对表"中央，并结合省情和发展需要做必要的微调。西藏自治区继续保持文化厅和旅游发展厅的分设格局，是全国唯一没有"对表"中央的省级行政部门。海南省在名称上把旅游放在文化的前面，似乎更加强调旅游的色彩，同时整合广播电视和体育的职能，全称为"旅游和文化广电体育厅"。重庆市是全国唯一使用"委员会"的省级文化和旅游主管部门。对各省文化和旅游部门内设机构的词频分析发现（图3-4），办公室、人事处、政策法规处、艺术处、财务处、机关党委等是最为常见的标准配置；博物馆、市场发展处、产业发展处、旅游处、考古处、审计处等次之；有的省份配置了航线开发办公室、地方志工作处、保密办公室、维稳处等特色处室；少数省份配置了竞技体育处、群众体育处等体育方面处室。从内设机构的数量上看，重庆市文化和旅游发展委员会以 27 个内设机构排在第一位，包括媒体融合发展处、网络视听节目管理处、广电节目内容管理处（电视剧处）、传输保障处等特色处室。

图 3-4　省级文化和旅游部门内设机构词频图

* 数据来源：由课题组根据各省市官网信息梳理

　　三是省级文化和旅游部门的内设机构及直属机构数量，受各地经济社会发展水平和旅游发达程度影响，有较大差异。各省级文旅部门内设机构数量普遍多于文化和旅游部，而直属单位则少于文化和旅游部。全国 31 个省市自治区的文化和旅游厅（局、委）平均拥有内设机构 18 个，其中有 20 个内设机构以上的有 8 个（重庆、海南、北京、天津、上海、江苏、广东、吉林），15—19 个内设机构的有 19 个（山东、江西、安徽、湖北、四川、云南、新疆、黑龙江、辽宁、河南、陕西、山西、贵州、广东、湖南、河北、内蒙古、宁夏、西藏），低于 15 个内设机构的有 4 个（甘肃、福建、浙江、青海）。各省市自治区文化和旅游部门平均拥有直属单位 18 家，山东省以 30 家居首位，11 个省（市、自治区）的直属单位在 20—30 家之间（山西、重庆、上海、浙江、河南、北京、江西、福建、天津、新疆、西藏），其余 19 个省（市、自治区）的直属单位低于 20 家。省级文化和旅游部门直属单位主要以文化类为主，比如博物馆、艺术剧院、画院、图书馆等，旅游类仅有少量旅游职业院校和尚未脱钩的旅游协会。

　　四是地市和区县等基层文化和旅游部门的职能设置体现了不同地区对文化和旅游关注点的差异。湖北、江苏、河北、广东、内蒙古等省市自治区，其辖区内的基层文化和旅游部门更关注文化发展，而贵州、黑龙江、山西等省的基层文化和旅游部门更加关注旅游发展（图3-5）。

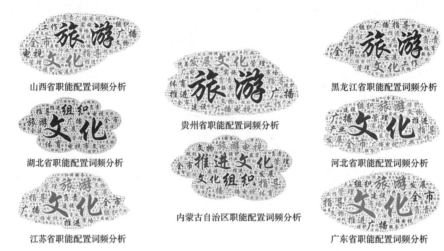

山西省职能配置词频分析

贵州省职能配置词频分析

黑龙江省职能配置词频分析

湖北省职能配置词频分析

河北省职能配置词频分析

内蒙古自治区职能配置词频分析

江苏省职能配置词频分析

广东省职能配置词频分析

图3-5　基层文化和旅游部门职能配置词频图

*数据来源：由课题组根据各省市自治区官网信息梳理

五是基层文化和旅游部门更加注重政策落地过程中的针对性和可操作性，更加需要来自上级部门的专业指导。以贵阳市辖的县区文化和旅游部门为例（图3-6），其职能设置、内设机构和直属单位，以及公开发布消息所涉及的内容，均非常丰富而具体。工作内容主要涉及生产、活动、竞赛、维护等事项，工作手段则大量使用"推进、指导、发展、管理"等动词。

图3-6　贵阳市各县区文广体旅局职能配置词频图

*数据来源：由课题组根据各省市官网信息梳理

2. 领导履历和涉旅观点

收集整理省市县三级文化和旅游部门党政主要领导同志的履历及其代表性的观点，是深入了解地方工作现状和预测地方未来发展方向的有效途径。文化和旅游领域有很强的专业性，地方党委在选配主要领导干部和班子成员时，要求有一定的专业知识和本领域的工作阅历。文化和旅游工作也是党的事业的重要组成部分，需要主要领导同志具有较高的政治素质和领导能力。每任领导干部都要贯彻落实特定历史时期各级党委政府和上级部门的工作要求。除非短期的过渡，多数情况下他们都会在任期内的发展规划和具体工作中打上自己的烙印。这些烙印体现在具体的投资项目和工作部署中，也体现在会议、讲话、指示等具体言论中。通过对领导干部工作履历和文化、旅游相关的政绩梳理和观点研究，我们可以总结一个地区文化和旅游融合发展的成就和经验，也可以预判可能的发展思路和行政措施。"秀才不出门，便知天下事""躬耕南阳，三分天下"就是这个道理。

截至2020年8月15日，课题搜集了31个省级和222个地市级文化和旅游部门党政主要领导同志的性别、年龄、学历和工作履历等公开信息，经研究发现：

一是性别结构以男性为主，越往基层，男性领导占比越高。调查样本共有38位省级文化和旅游部门党政主要领导同志（其中山西、福建、河南、海南、西藏、宁夏、吉林等省市自治区分设党组书记、厅长），其中男性25位，占65.79%；女性13位，占34.21%。102个地市级文化和旅游局党政主要领导同志中，男性79位，占比77.45%，女性23位，占比22.55%。

二是年龄结构以65后为主，普遍具有多岗位锻炼的工作履历，以及丰富的文化和旅游工作经验。31个省级文化和旅游部门主要领导中，1965年（含）之前出生的有24位，占比77.42%；1966—1970年之间出生的5位，占比16.13%；1970年以后出生的有两位。119个地市级文化和旅游部门党政主要领导的平均年龄明显低于省级部门。其中，1960—1965年之间出生的有38位，占比31.93%；1966—1970年之间出生的有45位，占比37.82%；1971—1975年之间出生的有26位，占比21.85%；1976—1979年之间出生的有10位，占比8.40%。

三是学历结构以研究生为主，省级文化和旅游部门领导干部的学历层次明显高于地市级。有学历信息的33个省级文化和旅游部门党政主要领导中，本科2位，占比6.1%；硕士20位，占比60.6%；博士11位，占比33.3%。从横向比较来看，学历层次普遍高于同级其他政府部门。有学历信息的 100 个地市级文化和旅游部门党政主要领导同志中，本科 39 位，占比 39%；硕士 54 位，占比 54%；博士 7 位，占比 7%，总体学历层次明显低于省级。

四是省级文化和旅游部门主要领导同志的任前岗位工作以文化和地方为主，地市级部门领导同志拥有旅游工作经历的比例更高一些。31 个省级部门主要领导岗位中，由原文化部门领导出任者 11 位，占 35.48%；由地方政府或其他行政部门领导出任者 14 位，占比 45.16%；由原旅游部门领导出任者 6 位，占 19.35%。135 个地市级部门主要领导岗位，由原文化部门领导出任者 44 位，占 32.59%；由原旅游部门领导出任者 43 位，占 31.85%；由地方政府或其他行政部门领导出任者 48 位，占比 35.56%。省级和地市级部门主要领导有地方副职以上工作经历者，分别占 10.53%、24.40%。河北、内蒙古、广西、宁夏等省市自治区，成都、石家庄、邯郸、保定、呼和浩特、包头、绍兴、益阳、清远等地市级文化和旅游部门领导由宣传部副部长兼任，阳泉等地由市政协副主席兼任。

3. 部门工作文件和灰色文献研究

收集整理各级党委和政府的旅游发展大会纪要，文化和旅游主管部门的年度总结、公开总结和专题工作文件。中国这么大，不可能采用像国外学者研究马尔代夫等小微型旅游目的地时使用的范式。各地在发展旅游过程中的制度创新为学术研究和理论建设提供了丰厚的土壤。通过对会议和政策文件，以及工作文献的词云分析，可以对各级党委政府在文化事业、文化产业、旅游业上的关注和投入做定量研究。通过对同一时期各地工作重点的数字化处理和可视化表达，就可以对政府层面的融合程度做定性分析，可以对各地阶段性工作做比较研究或者对其重视程度做内部分享的专题排名。有了这些基础材料和一手文献，再向决策部门提出改革创新的建议也好，做地方文化和旅游融合发展的专题规划、经验总结也罢，我们就能做到心中有数。以旅游发展大会的制度创新为例，经济社会欠发达的地区如江西、河北、河南等省，在各地市轮流举办省委省政府主要领导同志亲自参加的大会，对凝聚社会共识、深厚融合氛围、形成发展合力是必要的，也是有显著成效的。对于北京、上海、广州、深圳这样的一线城市来说，公共文化体系和旅游基础设施比较完善，可能更需要文化领域的开放和旅游领域的创新，让投资机构、创新团队、运营商等市场主体发挥更加积极的作用。

通过运用现代文献计量工具对上述一手文献和数据进行分析,可以清晰地看到不同地区、不同时期文化系统和旅游领域的语境差异,及其背后折射的价值取向和行为方式。文化讲系统和战线,旅游讲市场和产业;文化讲投入和项目,旅游讲产业和投资;文化讲人才培养和作品获奖,旅游讲优胜劣汰、获得感和满意度。以上种种差异,反映了文化和旅游各自的历史积淀、组织模式和价值取向。随着两支队伍会师后相互打量的新奇感逐渐消失,理性计算的产业合作开始替代情绪主导的自发亲近。文化和旅游的融合绝不是文化系统的同志出席旅游行业的活动,旅游企业与文博场馆签署几个战略合作协议那么简单。

■ 三、统计数据与自主分析

万语千言,不如数据一组。数据是国之公器,是旅游业发展的底层器件和基础支撑。无论是政府决策还是产业投资,都对旅游数据的生产与发展提出越来越高的要求。基于科学统计的旅游数据是研判旅游业发展规模、发展质量和所处周期的"晴雨表",也是"监测器"。由于旅游消费是一组跨部门的经济活动,长期以来,统计基础理论薄弱,统计难度大。从 20 世纪 90 年代开始,结合联合国统计委员会的统计建议和联合国世界旅游组织的实践经验,我国逐渐形成了国家统计局和原国家旅游局发布的《旅游统计调查制度》。这也是我国旅游统计的法定文件,谁生产旅游数据、按什么口径生产数据、生产哪些数据、谁审批、谁发布、何时发布等,都需要依法依规行事。中国旅游研究院在《文化文物和旅游统计调查制度》的基础上,研究编制和发布了《旅游统计指标体系》和《旅游经济核算手册》《旅游统计工作手册》,为旅游业统计口径的建立和统计方法的统一夯实了基础。

1. 多源异构数据体系构建

数据的生产和发布,得有助于文化和旅游市场主体把握全局、看清楚未来的趋势,得有助于文化和企业的产品研发和品质提升。旅游业高质量发展越来越需要文化支撑,文化事业和文化产业也需要旅游作为传播载体。我们需要了解文化产业、文化事业的供给存量,需要了解旅游市场的规模、消费结构和满意度评价,需要了解两者的融合点在哪里,以及谁来融合、怎么融合。这些数据诉求是国家需要的,也是人民期待的，条线同志们需要从学理、学术和技术等不同层面予以回答。

文化统计和旅游统计表面上是两组数据，实际上反映了长期以来"事业的文化"和"产业的旅游"之间的内在矛盾，也是文化和旅游融合过程中客观存在和必须解决的现实课题。中央全面深化改革委员会出台了国有文艺院团改革的文件，明确了方向，但是涉及既得利益的调整和传统发展方式转变，还需要相当长的时间才可能全部实现预期目标。如果不能有效解决文化单位的激励—约束机制，就无法推进公共文化单位愿意和主动融合的根本问题的解决；如果不能让家国情怀成为旅游企业的自觉追求，也无法塑造旅游业的核心价值观，真正的文化创意和 IP 也无从谈起。即便融合了，也是表面的融、有限的合。无非是旅行社的线路编排和 OTA 的产品预订中增加些文博场馆的项目，文化遗产加挂 A 级旅游景区的牌子，而无法培育面向旅游市场提供高质量文化供给的市场主体。只有通过数据把这个深层次的问题研究清楚，解释明白了，我们才能找到文化和旅游真融合、深融合、广融合的动力机制，才能提出为政府决策部门所采纳、市场主体所实施的意见和建议。

目前，文化统计数据以供给侧为主，生产周期长，系统使用多；旅游统计数据以需求侧为主，生产周期短，社会关注度高。将来，文化统计数据也要关注需求侧，旅游统计数据也要更加重视供给侧。进一步完善文化消费和旅游市场的统计指标体系，进一步优化数据采集、清洗、生产、合成和发布流程，进一步响应政府决策、社会评价和产业高质量发展的需要，加强法定数据的自主生产，是文化和旅游统计的新形势和新任务。

旅游经济运行需要对消费、投资、就业、价格、国际收支、游客满意等指标进行定期采集、监测和分析，无论是宏观调控、行政监管，还是微观创新，都离不开相应的数据支撑。文化产业同样需要数据，而公共文化的可研分析、投资预算、服务效能评价也得靠数据说话。政府给的，是不是居民和游客所需要的？人民群众的参与感、获得感和满意度如何？不能总是说"观众纷纷点赞""爆发式增长""排浪式消费"这样的新闻语言和"取得良好效果""一大、二好、三强""提高摆位、强力推进"之类的报告体语言。从国家层面来看，三大旅游市场和产业运行监测、公共文化服务效能评价是数据建设的重点方向，也是全局的和长期的任务。冰雪旅游、避暑旅游、研学旅游、乡村旅游、亲子旅游、夜间旅游、无障碍旅游等新需求数据，也是需要重点关注的对象。五一、国庆、春节等节假日的文化和旅游数据，政府重视，社会关注度也高，要求有预测、有统计、有发布。这些总量和结构性的数据生产，既要做到及时，还要做到准确，这并不是件容易的事情。拙诚胜于机巧，文化和旅游数据建设没有捷径，应坚持问题导向，踏踏实实做好旅游数据基础建设、平台搭建和长期跟踪，做经得起考验的研究，把论文写在祖国的大地上，把数据建设务实地应用到文化事业、文化产业和旅游业的发展中。

从人民群众和市场主体关心的小问题入手，构建多源异构数据体系，才能为实现文化和旅游融合高质量发展提供强有力的数据支撑。抗美援朝五次战役后，毛主席定下了新的战略，不求一次歼敌一个师、一个团，而是一个连、一个排、一个班地打，"零敲牛皮糖"，最终逼得美国不得不在板门店签了停战协议。文化和旅游融合研究和数据建设要关注游客、企业和基层关心的小问题，通过对自驾游、避暑旅游、冰雪旅游、家庭旅游、夜间旅游、海上丝绸之路旅游、旅游扶贫等领域进行持续跟踪和数据监测，建立专项数据库并发布系列数据报告，培育和引领旅游新业态健康发展。重视小数据，深入挖掘，持续研究，聚少成多，最终就会成为大数据，取得大效果。我们更可以从微观层面入手，发掘自主掌握的数据来源，哪怕把一个村子的旅游统计问题搞清楚，只要把指标建立起来，再辅以公开的宏观数据，就能够把很多问题说清楚了。从小切口、小数据入手，构建起文化和旅游融合的话语支撑点，再稳步扩大战果。

文化和旅游融合研究还要尽量收集整理各级政府发布的文化和旅游统计公报，特别是公共投入的预算和决算数据。从 2019 年文化和旅游统计公报来看，公共文化的效能问题还没有得到有效解决。其中有一张表，名为，"2011 年—2019 年全国艺术表演团体基本情况"，分别列出机构数（个）、从业人员数（人）、演出场次（万场）、国内演出观众人次（万人次）和演出收入（万元）。九年时间，艺术表演机构从 7055 个增加到 17795 个，增长了 152.23%；从业人员从 226599 人增加到 412346 人，增长了 81.97%。而观众人次仅从 74585.05 万增加到 123019.54 万，增长了 64.94%；演出收入从 526745 万元增加到 1277742 万元，增长了 142.57%。[①] 这意味着这么多年投入的增加并没有相应地带来产出的增加，特别是体现事业属性的观众人次数，投入产出更不成正比。从业人员人均每年创造的演出收入只有 3 万元，按可分配收入占演出收入 50% 计，人均每年只有 1.5 万元，显然是无法维持演员生活和艺术创作投入的。按演员人均每年 5 万元补贴计，各级财政至少要列出 200 亿元的预算。按此思

---

① 数据来源：中华人民共和国文化和旅游部 2019 年文化和旅游发展统计公报 . https://zwgk.mct.gov.cn/zfxxgkml/tjxx/202012/t20201204_906491.html.

路，我们再算一下博物馆、美术馆、图书馆、文化馆等公共文化事业的支出和收入，同样可以得出事业效能和产业效能急需提升的结论。旅游业的市场化程度高，财政投入相对较少，旅行社、OTA、酒店、民宿、景区和主题公园基本上是社会投资，70万名导游更接近于自由职业者。旅游市场也存在动能转换、竞争能力和效率提升的问题，但是这些问题都是可以通过优胜劣汰的市场机制加以解决的。

2. 科学统计与专业分析

科学的统计工作和专业的数据分析，是掌握文化消费和旅游经济运行内在规律的基本保障。过去部门、系统和行业统计体系不健全，政府机构和专家学者只能依靠层层报送的统计数据和主观经验做判断。在特定的历史时期，这么做有一定的作用，或者说也只能这么做，"不拍我的脑袋，拍你的脑袋啊？至少我的脑袋比你的大，知道的事情比你多"。搞市场、搞产业、建立现代治理体系，就不行了，就得有黄仁宇先生说的"数目字管理"①。越是规模大、结构复杂、相互关联的"数目字"，越需要我们掌握现代统计学理论和大数据分析能力。现在有部分专家学者和实际工作的同志，还没有走出传统经验和习惯做法，看不起专业团队搞的大数据和统计建模，觉得折腾半天，得到的结论与经验判断差不多嘛，如果差得多呢，就想当然觉得别人错了。想当然的经验判断不一定是错的，但肯定不是全部的真相。在实际工作中，更不能再做"差不多先生"了，"差之毫厘，谬之千里"的错误不能一犯再犯。也许你可以依靠多年从业经验和市场信息的蛛丝马迹，判断某个时间段出入境旅游市场和服务贸易是收缩还是扩张，但是没有科学的统计工具、大数据方法和政策仿真模型，是不可能知道具体幅度的。尤其是涉及汇率、利率、促销、签证、免退税等具体因素及其影响程度的时候，只有数据才能给予答案。不管是宏观决策，还是微观创新，一旦进入了技术作业层面，就必须依靠严谨的统计体系和科学的数据分析。对此，我们要有高度的理论自信和专业自信，不能风来雨去就站不稳脚跟。

数据是国之公器，是文化事业、文化产业和旅游业高质量发展的底层器件和关键支撑。我们要加强文化和旅游统计的平台建设和技术革新，持续提升数据生产的及时性、有效性和专业性；对数据要心存敬畏，不能马马虎虎生产，不能随随便便滥用。新时期文化和旅游数据工作复杂多样，不是喊几句口号，敲锣打鼓就能做好

---

① （美）黄仁宇著．万历十五年［M］．北京：中华书局，1982.

的，还是要静下心来，扑下身子，多下几分功夫。大数据不能代替传统统计，我们也不能什么都搞成全样本数据，相互校验、相互补充才是正解。统计工作和数据分析条线的同志们，务必要坚守科学生产和理性发布的底线，从严规范数据生产流程，从严要求数据发布制度。由科学、理性、匹配、可操作的工具生产和发布的数据结果，一定能经得起时间的检验。实际工作当中，我们生产、发布、传播文化和旅游统计数据及专业领域的研究成果，要面对多元诉求群体。数据是为决策服务的，不能拒人于千里之外。前段时间，天文学界发布黑洞的照片，硬是通过科普将之变成一次公共传播事件。当年爱因斯坦和卓别林的对话很有意思，"您的喜剧全世界都看得懂，每个人都知道您"，"您的相对论全世界没有几个人懂，每个人也知道您"。专业机构和专业人员一定要学会与社会沟通、与公众对话，千万不能自己把自己架起来。

　　加强文化和旅游统计的人才培养工作，不断夯实数据分析工作的人力资源基础。科学有效的统计数据不可能靠投机取巧、穿靴戴帽、贴标研发忽悠出来，必须依靠优秀人才和专业团队以钉钉子的精神，凭实力实现。我们做文化和旅游数据建设工作，不仅要注重技术攻坚，更要注重培养专业人才，加强文化和旅游领域的统计和数据分析人才队伍建设。专业人才就要具备专业能力，不能一知半解，也不能大而概知，要做真正的专家学者，要成为本领域的行家里手。人才培养可以采取外部引进、内部培养、业务外包等多种方式。让年轻的专业人才在实践中强化理论素养，在应用中增强专业能力，而不是成为只会纸上谈兵的赵括和失了街亭的马谡。文化和旅游数据理论建设、分析和应用，特别是专题研究的文本撰写，不能仅仅依靠个人的智慧和才情，而是要靠集体研讨、集体智慧和集体的经验，得手把手地培养年轻人。没有数据基础，做不了实践和应用研究，年轻人成长不起来。没有专业的人才和强有力的专业人才团队，"景观之上是生活""旅游目的地是主客共享的美好生活空间""既要美丽风景，也要美好生活"等创新观点，也不会被提出，更不会产生重大的社会影响力。

第四章

坚持文化和旅游融合发展的企业主体性

随着全面建成小康社会，日益增长的文化和旅游需求，承载着国民大众对美好文化生活的向往，文化和旅游融合的高质量发展要求我们高度重视市场主体的作用，并积极引导旅游投资和业态创新。文化和旅游融合发展，固然需要理论建设、顶层设计和政府作为，更需要来自市场主体的创业创新。改革开放以来，特别是党的十八大以来的旅游发展经验表明，文化消费和旅游需求一旦从小圈子的事业转入国民大众的日常生活，就必须，也只能依赖以企业为代表的市场主体的创业、创新、创意和创造。各地政府，特别是文化和旅游主管部门需要转变传统的文化事业、文化产业和旅游业发展思路，更加重视市场主体建设和商业环境培育。

■ 一、文化只是事业，旅游只是产业吗？

由于历史的原因，以博物馆、美术馆、图书馆、文化站、文艺表演团体、非物质文化遗产保护等为代表的文化机构，也包括转制的数字文化、动漫、传媒、影视、出版等文化企业，更多强调公共属性和意识形态安全，以旅行社、在线旅行代理商、星级酒店、民宿、主题公园、景区和度假区为代表的旅游企业则更加认同自己的市场主体身份，强调效率和竞争。在现实语境中，文化机构和旅游企业的内涵和外延是动态演化的，比如文化机构既包括原文化部主管的艺术表演团体和文博机构，也包括宣传部主管的新闻、出版、广播、电影、电视等；旅游企业既包括原旅游局主管的旅行社、景区和度假区，也包括商务部主管的住宿、餐饮、零售业，以及交通运输部主管的民航、铁路、客运、邮轮游艇等客运业。近年来，需求牵引供给，供给创造需求，更多的"旅游+""+旅游"的新业态被创造出来，成为旅游投资和市场主体的重要组成部分。

2018年3月底，《深化党和国家机构改革方案》发布后，原国家旅游局官方网站曾经短暂出现过"旅游事业、旅游产业"的说法，以对应原文化部官网的"文化事业、文化产业"。随着文化和旅游部的正式组建，文化和旅游融合的官方表述正式确定为"文化事业、文化产业和旅游业"。直到《"十四五"旅游业发展规划》征求意见时，不少来自旅游系统的领导和理论界的同志希望能在国家层面上给予旅游业更明确的事业属性定位和更高的战略摆位，比如"九五"到"十三五"期间先后提出的"永远的朝阳产业""国民经济新的增长点""国民经济的战略性支柱产业和人民群众更加满意的现代服务业"。按照这一思路，是继续强调旅游业的经济属性和产业特征，还是关注文化属性和事业特征？又或者是从"经济性很强的文化现象"出发，提出文化和旅游融合导向的社会属性新论断？当时并没有明确定论。2024年5月17日，全国旅游发展大会传达习近平总书记关于旅游工作的重要指示指出，旅游业从小到大、由弱渐强，日益成为新兴的战略性支柱产业和具有显著时代特征的民生产业、幸福产业。习近平总书记关于旅游业的重要论述和指示批示为做好新时代的旅游工作，包括国家旅游发展理论的建设指出了方向，明确了路径。

1. 旅游产业边界的拓展

社会分工意义上的产业主要是从生产工具和生产对象的角度划分的，比如第一产业、第二产业和第三产业。更多时候，我们是从产业经济学视角定义产业，即生产同类产品的企业集合体，比如煤炭产业、钢铁产业、家电产业等。与从供给侧出发的传统产业不同，作为"朝阳产业"的旅游业，作为"后来者"的旅游行政管理部门，更多是从需求角度理解旅游并定义旅游产业。广义的旅游产业包括所有为旅游者提供信息、交通、住宿、餐饮、游览、娱乐、购物、社交等综合或专项服务的企业。当代旅游是新生活方式，广义的旅游业可以理解为美好生活的创造者。狭义的旅游产业则主要是指旅行社、酒店和景区，国际通行的认知是旅行社、酒店和航空公司。我们经常把"旅游+""+旅游"放在一起说，但是两者在理论上和实践上都有所不同，"旅游+"是狭义旅游业的视角，而"+旅游"则是广义旅游业的视角。

旅游是异地的生活方式，消费则是理解旅游业的钥匙。[①]旅游消费包括商品消费，也包括服务消费；包括物质消费，也包括文化休闲在内的精神消费。旅游产业链是围绕旅游者的需求链和价值链展开的，旅游者日渐增长的文化休闲需求，旅行社、酒店、景区和度假区等典型业态当然要满足，而且要高质量地满足。在实践中，我们可以将所有能够满足旅游者出行、观光、住宿、餐饮、购物、社交等异地生活需求的企业，都视为旅游企业。携程刚开始在机场发小卡片做地面推广的时候，没有被认为是旅游企业，逐步做大以后从"机票＋酒店"进入景区门票，从增量需求转入存量市场的竞争。现在美团、高德、抖音等在线本地生活服务商，以主客共享美好生活新空间的名义进入旅游业，有的还成了旅游集团20强的一员。类似的案例也发生在旅游住宿、旅游休闲、旅游购物、旅游娱乐、旅游交通等领域，比如作为全球布局的旅游零售商，比斯特在上海的项目也以4A级旅游景区的名义对外宣推，到此的购物者在一定程度上也是景区休闲者和商业文化体验者。

游客是离开惯常环境的居民，居民是回到惯常环境的游客。从需求牵引供给的原理出发，服务本地居民的商业企业和文化企业，将为游客提供更多的本地化产品，而旅游企业也将为本地居民提供更多的休闲、娱乐和出行服务。随着教育水平和文化素质的提升，人民群众对文化休闲和精神享受有了更高的追求，任何有竞争力的旅游市场主体不设法提供更多有文化内涵的产品，不以文化建设和价值观引领自己的发展方向，都是不可想象的。一旦电影院、戏剧场、歌舞厅、电竞场、艺术节、历史文化街区、商业街区、博物馆、美术馆、文化馆、科技馆等文化遗产传承与活化空间向游客开放，必然会引入需求、投资、成本、效益、品牌等渗透到旅游市场主体血液中的商业基因。

随着全面建成小康社会和数字化时代的来临，旅游成为国民大众的日常生活方式，游客广泛进入目的地居民的日常生活空间，旅游产业边界必然会消失和重构，从需求侧定义的旅游企业将代替从供给侧定义的旅游企业。新冠疫情加速了旅行服务业的去旅行社化、旅游住宿业的去星级酒店化、旅游休闲业的去旅游景区化的变革趋势，但这并不意味着旅游业不需要旅行社、星级酒店和旅游景区，只是传统业态的市场占有率在下降，产业边界在消解与重构。伴随着旅游需求的碎片化、高频化和个性化，以及旅游消费在时间和空间上的双重收缩，特别是近程旅游和本地休

---

① 戴斌，张杨著.当代旅游发展理论文丛 旅游消费论［M］.北京：商务印书馆，2021.11.

闲的兴起，更多的博物馆、美术馆、文化遗址公园和休闲街区等文化机构和文化空间成为游客高频到访的新场景。这一趋势不会因为传统旅游业者的不接受和行政部门的不适应而停滞不前，就像汽车取代马车和人力车，轨道交通和航空航天快速发展那样，人类对于安全、效率和品质的要求一直都在，变化的只是满足需求的方式。

2. 文化产业的市场转型与商业探索

1988 年，"文化市场"一词首次出现，来源于文化部、国家工商行政管理局联合发布的《关于加强文化市场管理工作的通知》。1989 年，文化部设置文化市场管理局。文化产业以音乐产业为前驱，出版、会展、影视、戏剧等业态随之发展。政府相继颁布了电影、出版等相关体制改革政策，激发了民营经济力量。[1]1997 年非国有部门创办的文化经营单位占到总数的 88.6%，由于体制制约，国有文化部门创办的经营单位仅占总数的 10% 左右。[2]1997 年，文化部颁布《文化事业发展"九五"计划和 2010 年远景目标纲要》，将文化产业化发展作为文化建设的重要目标。1998 年，文化部设立文化产业司，部分文化事业单位开始面向市场，走上企业化转型之路。1999 年至 2008 年，随着经济社会的发展和人民生活水平的提高，"产业化"成为文化工作的重要内容，国家继续鼓励民营资本进入文化产业并大力推动文化体制改革。2000 年 10 月，党的十五届五中全会通过了《中共中央关于制定国民经济和社会发展第十个五年计划的建议》，从国家经济社会发展层面首次提出了"文化产业"的概念，要求"完善文化产业政策，加强文化市场建设和管理，推动有关文化产业发展"。该文件确立了文化建设的两大范畴，即文化事业和文化产业，明确了文化产业为人民的指导思想。2003 年，国务院办公厅印发《文化体制改革试点中支持文化产业发展和经营性文化事业单位转制为企业的两个规定》。2005 年，国务院先后出台《关于非公有资本进入文化产业的若干决定》《关于深化文化体制改革的若干意见》。2009 年，国务院通过《文化产业振兴规划》，发展文化产业正式上升为国家战略。这些举措带来了文化产业的空前繁荣，大型国有文化企业迅速成长，在"文化产业 30 强"中国有企业占比达到 80% 甚至更高。民营文化企业在数量不断增长的同时规模实力也在提升，如 2012 年浙江省就拥有规模以上民营文化企业 4 万余家，投资总规模 1300 亿

---

① 韩晗.拓新·立新·创新：新中国文化产业七十年［J］.东岳论丛，2019，40（11）：14-31.
② 范周.中国文化产业 40 年回顾与展望 1978—2018［M］.北京：商务印书馆，2019.

元以上，华谊兄弟、华策影视和宋城股份等多家文化企业在创业板成功上市。①国有资本和民营资本共同构成了文化产业市场化的重要力量。2018年以来，部分文化事业单位加快市场化改革，主动对接旅游市场，为人民群众"诗与远方"的美好生活提供新的文化作品和文化产品。从经营范围和主营业务来看，越来越多的文化企业30强开展了旅游业务，如华侨城、华强方特、曲江文化等，其中华侨城集团一直都是"中国旅游集团20强"。

在文化产业和旅游产业融合创新进程中，旅游演艺扮演了关键角色，发挥了积极作用。以《印象·刘三姐》为代表的大型实景演出是初期文旅融合的成功案例，到访桂林的旅游者领略秀甲天下的山水之美之外，还领悟了文化之美。出生于1940—1960年的第一代大众旅游者，也是看着彩色电影《刘三姐》《阿诗玛》长大的，对实景演出的故事背景、人物形象和艺术表现形式，都没有接受障碍，加上当地的夜间艺术体验活动有限，这一创新性的演出节目很快就取得了经济效益和社会效益上的巨大成功。从那以后，更多艺术工作者创作并推出了一批广受游客喜爱并能为旅游目的地带来消费流量的旅游演艺节目。桂林、丽江、武夷山等地的《印象》系列，郑州、五台山、平遥《又见》系列，还有拉萨的《文成公主》、登封的《禅宗少林·音乐大典》、承德的《鼎盛王朝·康熙大典》，以及陕西旅游集团、宋城集团、建业集团、清明上河园等文化和旅游企业面向市场创作推广的《长恨歌》《延安保育院》《宋城千古情》《德化街》等大型实景演出节目，都受到游客的广泛支持，在节假日期间经常一票难求。

近十年，艺术与旅游的融合进入了市场导向、科技助力、内容创造的新阶段。深圳市地铁的艺术装置《韩熙载夜宴图》《千里江山图》《无尽穿越，抵达无限可能》为本地市民提供了触目可及的视觉享受，也为城市旅游形象注入了当代艺术的内涵。南京Yellow Korner摄影艺术画廊，让艺术与城市共生。大批面向市场的文化创造和艺术创作，如《南京喜事》《知音》《夜上黄鹤楼》《塘河夜画》《二分明月忆扬州》等项目，极大丰富了夜间旅游场景，直接提升了夜间旅游消费。随着市场空间的拓展和产业政策的支持，更多的资本和技术进入旅游领域，以市场的力量推动了文化和旅游深度融合，一批面向旅游市场的文化企业成长起来了。在此进程中，上海迪士尼、北京环球影城、欢乐谷、方特、海昌、银基等一线旅游景区和度假区发挥了

① 段菁菁，郝静，常亦殊.聚焦文化产业繁荣背后民营文化企业的喜与忧［EB/OL］.（2013-01-17）［2022-11-08］.https://www.gov.cn/jrzg/2013-01/17/content_2313684.htm.

不可替代的创新引领作用。正是由于投资机构和市场主体的努力，沉浸式演出、行进式表演、裸眼 3D 艺术展陈和公共艺术改变了传统景区和度假区的商业形态。

近年来，艺术与旅游的融合层次更加丰富，类型更加多样，既扩大了艺术表演的观众基础，也丰富了新时代旅游业的文化供给。动辄数万人现场参与的音乐节和演唱会，已经成为本地居民和外来游客共同参与的艺术节事。2023 年，2000 人以上大中型演唱会和音乐节共 5600 场，观演人数 3551.88 万人次。①《只此青绿》《孔子》《李白》《永不消逝的电波》《咏春》等精品舞台艺术，已经具备了驻场和巡回演出的市场号召力。《新龙门客栈》带动了杭州小百花越剧团的出圈，游客从四面八方赴杭州乘势观看《苏秦》和《陈三两》，预示着传统戏曲正在从经典舞台走进当代生活。

值得关注的是，室内合唱团、交响乐、小剧场话剧、现代舞等小众艺术正成为大众旅游者愿意参与的艺术活动。上海彩虹、厦门爱歌、武汉星河、成都知更等室内合唱团，北京九人话剧、天津安里甘室内交响乐、乌镇戏剧节、广州今日美术馆等小众艺术在小红书的搜索量也在持续上升，并吸引游客远道而来。当代艺术工作者应当，也可以面向旅游市场特别是年轻客群的精神享受和文化体验需求，创作更多叫好也叫座的大众艺术精品。

不论文化机构愿意还是不愿意，主动还是被动，越来越多的历史文化名城、历史遗产地、文博场馆都会成为主客共享的文化空间，越来越多的文化元素特别是创意类 IP 开始成为旅游产业创新的赋能者。在市场决定和主导资源配置的机制下，各类文化机构、文化企业与旅游机构、旅游企业，通过不同方式的合作与交流互动，在内容和载体上相互交叉、渗透，在服务创新和产品开发上相互融通、借鉴，通过双向赋能乘势而上，形成文化和旅游融合推进的新型市场供给结构。文化展示、文化遗产保护、非物质文化遗产传承与旅游服务和旅游产品消费的融合与发展，既可以有效地保护、展示和传承我国传统历史文化，又提高了旅游产品和服务的文化层次与内涵，从内容到过程深度实现了文化消费与旅游消费的一体化。

3. 多元化文化和旅游供给体系的建立

无论是文化事业、文化产业，还是旅游业，一个市场主导的、社会参与的多元化文化和旅游供给体系已经形成。文化和旅游消费主体从少数人拓展至国民大众，

---

① 数据来源：《2023 年全国演出市场发展简报》

这也是中国式现代化的题中之义,与此相适应,文化和旅游供给主体也在不断扩展。在国有单位之外,更多的投资机构和市场主体开始参与到文化产品的供给中,文化产品供给内容日益丰富,供给主体日趋多元。旅游消费的大众化、市场化也推动了旅游市场主体日益发展壮大,从以往单一的、国有企业为主的主体结构向国有、民营、外资等企业并存的多元主体发展,旅游产业供给主体日益丰富、多元,市场化特征更加突出。市场机制推动文化与旅游日益走向深度、多元的融合。我国文化产业和旅游产业都处于快速发展期,同样处于从小众参与到大众分享的进程中。客观而言,旅游领域的市场化和产业化进程要比文化领域早得多,也成熟得多。旅游产业需要以文化提升内涵,文化产业又需要以旅游作为市场空间。有很多项目既是旅游产品,又是文化活动。特别是一批依托知名景区的旅游演艺项目受到了市场广泛欢迎,如《印象·丽江》,早在2010年就演出770余场,接待游客突破150万人次,门票收入突破2亿元。[①]

　　文化和旅游领域已经具备了从存量资源整合转向增量创造的市场基础。在年轻一代文化人、旅游人的推动下,通过对科技、文化和人力资源的投入为消费者提供多元化和高品质的生活体验,可以说理念上有了共识,实践上有了探索。历史文化名城、重点文物保护单位、文化产业示范基地、民俗文化村、文博会、文交会、艺术节、艺术品市场等积极服务旅游市场,图书馆、美术馆、博物馆、科技馆、展览馆等文化场所、设施和内容的公共化,以及文化权利的均等化,已是现代城市的标志。在城市和乡村日渐成为主客共享的生活空间的今天,国民休闲和公共文化资源也积极向游客开放,既可以像国家图书馆那样,向中外游客开放游览空间和使用功能,也可以像谷歌艺术基金那样,通过"互联网+艺术"让更多的民众共享。大型实景演出、主题公园等在为游客和市民创造快乐的同时,也在创造新的文化内涵。这些丰富多彩的实践表明,文化的传承、创新与融合,在产业上形成的新表现方式与用武之地,离不开科技的支撑和时尚的引领,更离不开市场主体的商业经营。

　　企业家主导的创业群体和高素质从业群体在持续增长。引领性的市场理念最终要落实到项目和产品上,而项目的研发和产品的销售,最终还是依靠优秀的企业家、创业者和专业技术领域的高素质从业人员。建设国内外知名的文化旅游目的地,需要有电影、电视、网络视频、文案和文化创意等看得见、摸得着、有获得感的文化

---

① 数据来源:课题组访谈和调研数据。

载体。文化产业在习近平新时代文化思想的指引下，积极探索"文化遗产要保护好，更要活起来"的新路子，众多陈列在大地上的遗产、收藏在博物馆中的文物、书写在典籍中的文字，经由旅游活了起来。人们在文化产业的市场意识和商业创新上已经形成了广泛共识，当代文化要发展，需要与资本、市场和科技相结合。在旅游领域，华侨城率先冲出事业单位管理体制的约束，开启了成长壮大的企业化历程；华强方特开拓了中国自主 IP 与主题乐园相结合、文化和旅游相融合的创新发展模式；贵州丹寨小镇自开业以来，以其丰富多彩的非物质文化遗产、苗侗文化主题广场等文化旅游项目，吸引了众多游客到访。正是这一批企业和企业家，为文化和旅游产业的繁荣发展拓展了最为广阔的商业空间，奠定了最为坚实的市场基础。

以旅游集团 20 强和文化企业 30 强为代表的头部企业正在成为引领旅游产业转型升级、推动文化机构创新发展的主力军。随着大众旅游进入全面发展的新阶段，头部企业的市场竞争和产品研发能力不断增强，旅游集团、上市公司和科技企业有效应对了疫情的冲击，在繁荣发展的新周期开始探索更有韧性和活力的商业模式。城市周边的民宿、高端酒店与博物馆、美术馆、图书馆、历史文化街区、休闲游憩步道等一起为本地游客提供深度的出游空间。

从 2022—2023 年节假日的旅游市场数据来看，旅游过程中的文化休闲需求为文化机构和旅游企业的融合创新提供了广阔的市场空间。随着生产、生活和休闲恢复常态化，城乡居民对文化休闲类产品的消费需求得到了进一步提升，各地文化和旅游部门持续完善假日市场供给，游客的文化体验感和满意度进一步增强。从供给侧来看，各地积极依托城市旅游休闲街区、文旅消费聚集区，创新假日文旅市场产品和服务的供给。元旦节假日有超过 83% 的游客参与了两项及以上的文化游览活动，超半数游客参与了博物馆、图书馆等公共文化场所，以及文化街区的休闲体验。从年龄分布来看，25 岁以下的游客热衷于展览展会，26—45 岁及 60 岁以上的游客喜欢观影赏剧，46—60 岁的游客对参与艺术体验的兴趣较为浓厚。90 后、00 后 Z 世代的消费占比达到七成，越来越多的年轻游客选择在城市街头驻足，打卡网红店，寻找记忆中具有城市特有的味道的点。[①] 劳动节假日有超过 72.53% 的游客参与了两项以上文化活动，《杭州城市书房》《二分明月忆扬州》《长恨歌》《桐庐山水艺术季》等 10 项"艺术与旅游融合经典案例"，引起了旅游市场的广泛关注。假日期间一日

---

① 戴斌.一鲸落 万物生——2022 年中秋国庆节假日旅游市场数据解读［EB/OL］.（2022-10-07）［2024-08-13］. https://mp.weixin.qq.com/s/j_9-CWN7GrJmrie-IiGUxA.

游游客占比较去年同期下降 6 个百分点，停留 2 天以上的游客占比则提升了 9.55 个百分点。江苏无锡的乡村游订单超过 2019 同期的 37%，其中停留 3 天以上的订单占比较 2019 年提升了 123%。^① 相较以往走马观花式的景点游览模式，游客对于更具内容和生态的文化旅游、红色旅游等的需求愈发旺盛。上海几个红色旅游景点，以及很多的老城区的数据增长是非常快的。针对年轻人的一些新的需求，OTA（在线旅游运营商）于 2021 年也推出了一系列年轻人喜欢的比如精致露营、桨板瑜伽、极限飞盘、地心穿越、招摇汽车等周末社区活动，通过周末在周边熟悉的环境中打造出的全新旅行场景，让游客获得了新鲜而有趣的出行体验，受到了年轻人的欢迎。旅游服务的多重附加值非常重要，在微度假中融入文化、艺术、体育等体验内容，也成为旅游发展提质增效的重要手段。

二、旅游产业何以文化，文化事业如何旅游？

从发展理念入手，通过理论建设、学术研究和教育培训，把文化产业和旅游产业的市场主体统一到民族复兴和人民幸福的"中国梦"上来。不再被动地证明"我不是什么"，而是着力阐释"我是谁"。理论上彰显人民的文化权益和旅游权利，实践上以高品质的文化项目和优质旅游服务不断满足人民对美好生活的向往和追求。不管是文化机构还是旅游企业，心中都要时刻装着"国之大者"，时刻想着人民所需，都要以人民美好生活为宗旨和导向。文化机构也要讲效能，讲创作和研发；旅游企业也要讲文化自信，讲价值观引领。文化和旅游融合发展不是要把文化机构改造成旅游企业，也不是要把旅游企业转成文化机构。相反，只有文化机构和旅游企业在各自的领域里做得更优秀了，才有可能在更高的层次上，在"中国梦"的旗帜下真正实现深度融合。

1. 为了人民的美好生活，文化机构和旅游市场主体相向而行

从"印象系列""遇见系列""又见系列"，到"千古情系列"的旅游演艺；从南京旅游集团的"南京喜事""熙南里""长江传奇"，到河南建业的"戏剧幻城·只

---

① 戴斌.转折之际 重构之时——2023 年劳动节假日旅游市场特别评论［EB/OL］.（2023-05-03）［2024-08-13］. https://mp.weixin.qq.com/s/XGZFRf0uUnWga508XCU-Iw.

有河南"，再到四季文旅的"四季艺术汇"；从良业科技的"塘河夜画""夜上黄鹤楼"，到珠海的"九洲船说·相约大海"系列，都可以看到旅游企业主动向文化机构和专业人士学习，广泛介入大众文化和公共艺术领域，并形成了一批可复制可推广的经验。新冠肺炎疫情期间，广州花园酒店拿出2000多平方米的营业面积，与中国旅游研究院合作建设我国首个正式注册并对外营业的酒店博物馆项目，成为融合了酒店专业教育、城市发展历史和企业形象展示的窗口。总体而言，文化机构和旅游企业的融合目前还是策略性、分散式的产品创新，而非全局性、系统性的战略升级。要想改变这一现状，文化事业和文化产业领域的相关机构也要相向而行，把游客纳入公共文化的服务对象和商业文化的消费主体中。我国虽然培育出了欢乐谷、长隆、方特、海昌海洋公园等本土主题公园品牌，但是距离迪士尼、环球影城、默林、普德赋这样有全球影响力和深厚文化底蕴的旅游休闲企业，还有漫长的道路要走。从现状来看，多数文化机构包括已经转为企业的文化市场主体，出于对财政供养的惯性依赖，对旅游市场的不了解，对意识形态问题的担忧，对人民群众的文化需求研究不深等原因，在融合发展进程中既有不愿为也有不能为的问题。越是这个时候，越不能有退回去的想法，越要以自我革新的智慧和勇气，在主客共享的美好生活新空间里发展、壮大自己。

2. 旅游企业需要价值观引领

习近平总书记强调，新时代新征程，旅游发展面临新机遇新挑战。要以习近平新时代中国特色社会主义思想为指导，完整准确全面贯彻新发展理念，坚持守正创新、提质增效、融合发展，统筹政府与市场、供给与需求、保护与开发、国内与国际、发展与安全。企业家和旅游人要以价值观引领企业的发展，以高度的文化自觉和文化自信，把旅游项目和旅游产品与文化建设充分结合起来。作为经济属性较强的旅游活动，旅游中有没有意识形态和价值观的问题？有没有立场、观点和方法的问题？肯定有，理论上不要讳言，实践中更不要回避。要不要区分谁是服务对象，谁是竞争者和同行者？肯定要，战略上要系统研判，战术上要有效应对。作为市场化程度很高的旅游业，在20世纪80年代是国家、地方、集体、个人、外资"五个一起上"，形成了数量庞大、性质多样和类型多元的民营企业。要不要在发挥他们的积极性、主动性和创造性的同时，坚持核心价值观的引领？答案是肯定的。旅游企业要讲文化自信和价值观引领，要尊重经济属性和市场规则，有针对性地加以引领和指导。党的十九届五中全会提出，要建设一批"文化底蕴深厚的"世界级旅游景区和度假区，建成若干"文化特色鲜明的"国家级旅游休闲城市和街区，我们不能只看后面的项目建设而忽视了前面文化要求。这几项工作，在国务院印发的《"十四五"旅游业发展规划》和文化和旅游部发布的《"十四五"文化和旅游发展规划》，以及国际文化交流和旅游合作、非物质文化遗产保护、公共服务等专项规划中均有重点部署，在文化和旅游系统的年度工作计划中也有明确要求。延续过去出标准、做动员、抓创建、发牌子的工作思路，可以调动地方政府的积极性，但对企业的积极性和参与度提升作用不大。要深化理论研究，强化政策设计、发展规划、融合战略的学理支撑，让文化真正成为休闲度假项目建设的价值引领者和研发驱动者。

3. 文化机构与企业要讲效能

文化事业单位要有效能意识，文化企业也要有市场意识和效率要求。2019年体制内41万文艺演出人员，演出收入不到130亿元，观众人数不到13亿人次。[①] 如果任由这种情况持续下去，既解决不了文艺作品"留得下""传得开"的长期问题，也解决不了文化创作"有高原、无高峰"的现实问题。文化市场主体需要在观念、体制、机制和政策等方面稳步推进改革，积极扩大对内对外开放。文化不能只靠"我给予，你接受"这种自上而下的塑造，也要靠自下而上的构建。好莱坞、环球影城、迪士尼、红磨坊是文化，也是旅游。上海的"城市微旅游，建筑可阅读"、北京的"故宫以东，一见如故"、广州中国大酒店的"消失的名菜"，是旅游，也是文化。城乡居民和到访游客不可能，也没有必要把本应该由学者深究的概念分得那么清楚，辨得那么明白。文化是旅游价值的引领方向、旅游体验的重要内容、旅游创新的动能要素；旅游是文化的传承者、传播者，也是创造者。旅游是人类长存的生活方式，是基本权利，是发现文化之美、增强文化自信的过程。相对于传统的舞台艺术、古典音乐和当代美术，面向游客的文化项目和艺术作品参与门槛相对较低，受众的广泛性能够得到保障。无论是文化中的旅游，还是旅游中的文化，都不再指向单向度的消费，而是通过融合指向全面发展。

---

① 数据来源：中华人民共和国文化和旅游部 2019 年文化和旅游发展统计公报［EB/OL］.（2020-06-20）［2022-11-08］. https://zwgk.mct.gov.cn/zfxxgkml/tjxx/202012/t20201204_906491.html.

4. 旅游要厚植艺术的观众基础，也需要艺术的向上提升

当代艺术与大众旅游的融合，将创造更多的文化新空间和旅游新场景，经典文化、大众艺术、流行音乐与城市旅游的融合创新是当代都市旅游越来越明显的趋势。今天吸引年轻一代旅游者到访某一座城市的决定因素不完全是传统的自然和历史文化资源，还有更加彰显个性化和多样性的文化艺术休闲资源。过去两年，北京、天津、西安、海南、贵州等地的演唱会、音乐节、村超、村晚，不仅获得了可观的演出收益，更是带动了数倍于此的旅游消费。音乐节让节假日的城市有了传统民俗与新潮艺术相结合的时尚，还有音乐、戏曲、舞蹈和氤氲的书香。乐高乐园、星光小剧场、长安十二时辰等文化休闲项目，北京人艺、正乙祠，上海的亚洲大厦，都在吸引新时代旅游者的到访。

■ 三、在融合发展中建设世界一流旅游企业

"十四五"期间文化和旅游发展的战略任务是构建和完善社会文明促进和提升工程，新时代艺术创作体系、文化遗产保护传承利用体系、现代公共文化服务体系、现代文化产业体系、现代旅游业体系、现代文化和旅游市场体系、对外文化交流和旅游推广体系。"一个工程、七大体系"战略目标的实现，离不开文化和旅游市场主体的主动担当，也离不开广大观众和游客的相向而行、积极参与。让人民群众在文化和旅游活动中理性消费、文明出行，在旅游中感悟文化之美，增强文化自信。这些要求是对文化和旅游系统提的，也是对文化和旅游行业提的。文化机构和旅游企业面对的不是要不要做的问题，而是如何贯彻好、落实好的问题。

1. 旅游集团要做融合发展的引领者和示范者

各级党委和政府、旅游行政主管部门要充分重视各类文化机构和旅游企业的市场主体作用。文化和旅游部组建不久就确立了"宜融则融，能融尽融；以文塑旅，以旅彰文"的工作方针，用以指导文化和旅游系统、旅游行业的各项工作。在2019年12月的中国旅游集团发展论坛上，时任文化和旅游部部长雒树刚强调了旅游企业在文化和旅游融合发展中的地位和作用，希望文化企业30强和旅游集团20强成为文

化和旅游融合发展的引领者和示范者。在 2020 年 12 月的中国旅游集团发展论坛上，时任文化和旅游部部长胡和平指出，旅游企业是现代旅游业的核心，在推动中国旅游业发展中发挥了主力军的作用，希望其在新发展阶段要坚持文化引领，做文化自信的培育者和践行者，以满足人民美好生活需要为目标，做大众旅游的促进者，要推动科技赋能，做智慧旅游的示范者。如果没有这些权威平台和高层声音，很难想象这些系统外生长的旅游企业能够在这么短的时间里认同"以文塑旅，以旅彰文"，并身体力行之。

旅游业应加强与艺术机构特别是有创造力的艺术团队的合作，引进和创作高水平艺术作品，有效推进文旅融合高质量发展。世界级旅游目的地、国家级旅游休闲城市和街区，要让游客看见文化的遗产，更要让游客看见美好的生活。要重视优秀传统文化、红色文化与旅游的融合，也要以世界的眼光和未来的视野，依托民族复兴和人民幸福的社会主义先进文化，创造现代文明。目的地的文化娱乐产品丰度已经成为影响旅游者决策的重要因素。这就要求我们着眼当下，面向未来，以优秀的文艺作品和高质量旅游产品激发消费潜力。正是因为文化与艺术的加持，游客哪怕是打卡地方美食和进行都市休闲，也是仪式感满满地出行，为假日生活带来了难得的松弛感和疗愈性。

2. 打造文化新地标，培育艺术新空间

随着"艺术＋旅游"的发展，历史文化街区艺术中心、商圈开始以独立、开放和共享的姿态成为文化艺术供给的新空间，也是旅游休闲的新场景。旅游投资机构和市场主体要用好城市更新和乡村振兴政策优势，盘活城市闲置或低利用率的公共文化空间，焕新提升文保建筑功能，让"上楼看好戏，下楼喝咖啡"成为美好生活新体验。促进新型演艺空间与商业空间和生活空间等各类日常消费场景相结合，有效降低消费者进入戏剧场的心理门槛，将观演从"专门要去做的一件不太容易的事"变成"随时可以进去体验的事"，从心理层面和区位优势层面为市民和游客提供界面友好的体验便利。吸引更多年轻人进入文化、艺术、旅游和休闲领域创业创新，让新业态与传统的旅行服务商、旅游住宿商、旅游景区和度假区、休闲商圈、文化娱乐企业在融合中创造艺术新空间，在传统产业边界消解中重构旅游新场景。

文化和旅游领域的互联网平台和科技企业要主动作为，让科技创新成为市场主体融合发展进程中的关键角色并发挥积极作用。数字化和智能化让传统文化以时尚、

活力、低门槛的新形象重新走进国民大众的日常生活。首次亮相央视春晚的虚拟歌手洛天依、河南卫视春晚节目《唐宫夜宴》的全网热播，说明只要有合适的平台和传播方式，年轻人一样会走进经典。课题组在过去三年挖掘并推广的文化和旅游融合案例，如博涛文化的双球幕体验馆、巨型仿生机械艺术装置，天健科技的旅游短视频定制，哈尔滨冰雪大世界的北极熊酒店，有戏电影酒店，四季文旅的爱摩星球乐园萌宠动物体验等，均表明：只要能为游客创造生活新内容，就一定能为旅游企业营造消费新场景。一旦科技驱动的规模化创新成为现实，旅游企业就能极大地拓展赖以生存的市场空间。

3. 加强国家旅游发展战略研究，引领旅游企业创新发展

教育、研究和公共服务机构要创造条件让文化机构和旅游企业的从业者相互了解、相互理解、彼此尊重、相互成就。通过文化消费数据，国民休闲、旅行服务、旅游住宿、旅游景区的发展报告，旅游集团化发展论坛，文化和旅游融合创新项目和旅游科技创新项目，促进文化机构和旅游企业的负责人多理解、深交流、广合作。没有共情的融合是表面的而非深入的，是局部的而非系统的，是用来宣传报道、评比表彰的而非用于市场拓展和产品创新的。我们要有高度的市场敏感性，在数据支撑的基础上建设旅游业高质量发展的理论体系，引领市场主体在大众旅游的旗帜下，在智慧旅游的道路上创新前行。

在促进文化和旅游融合发展的过程中，理论工作者和教育、培训、研究机构要有"国之大者"的责任意识，主动回应文化机构和旅游企业对当代旅游发展理论的关切。文化和旅游融合发展，也会引起或左或右的争论，有的机构和平台为了话语权及其背后的利益而选择性地使用数据和观点，还可能以"语不惊人死不休"的句式和"标题党"的风格带节奏。哲学社会科学领域的理论工作者必须以高度的理论自觉和专业自信给予必要的回应，并做好承担种种压力和指责的心理准备。只要基于推进旅游业高质量发展的国家战略，为了人民的旅游权利而发声，认可和同行的人就会越来越多。受新冠疫情影响，高度市场化的旅游业受到了空前影响，企业承受了巨大压力。有人说"文化多是事业单位，无论多难都有饭吃；旅游则是企业，市场严冬会大把倒闭。但此时却看不到两者同舟共济"，类似的论断看上去很吸睛，但是不全面、不系统，更非本质，不利于文化和旅游融合发展。文化和旅游企业，有困难低迷的时候，也有繁荣兴旺的时候，对企业和员工都很正常。面对不同的文

化和旅游市场主体，既要正确认识其社会属性和经济属性，也要以平常心对待其事业成本和企业绩效，还要注意不能走向重文轻旅的另一个极端。"导游随意解读文化、旅行社欺客宰客、旅游业唯利是图"，这种说法也是以偏概全带节奏的论断。文化领域不仅有事业，也有产业；文化不仅是文化和旅游系统的舞台艺术、公共文化和非物质文化遗产，还有系统外的新闻、出版、广播、电影、电视、文化装备制造等。系统内的企业和系统外的事业同样负有文化建设、文化和旅游融合的任务。持续创新的室内外主题乐园、旅游演艺、沉浸式演出等也是文化。对任何领域的艺术创作、产品创新和文化创造，我们都要给予必要的尊重。

　　理论研究不能只围着文件转，学术研究不能只盯着头部企业，要和市场主体一道沉下去，下到基层去，沉到一线去。让陈列在大地上的遗产、收藏在禁宫中的文物、书写在典籍中的文字都活起来，这是国家的需要，也是人民的期盼。要引入包括旅游在内的文化系统之外的力量，从人民群众的现实需要出发，重新赋予传统文化以当代审美、时尚和实用功能。绝大多数情况下，非物质文化遗产的生命力并不在于进入高雅艺术的殿堂，获得国家级、省级的奖项，而在于它深深地扎根于时代的沃土，成为广大人民群众的日常所需。理论是灰色的，而实践之树常青。市场主体贯彻新发展理念，研发和投放人民群众喜闻乐见的文化和旅游融合项目、产品和服务，能否都做到"叫好又叫座"，往往是不可预测的，要有一个实践试错和包容监管的过程。如果对这个过程没有实践和感悟，只是待在书斋里索引文献，却连一次农村的集市都没有赶过，一次城市的戏剧场都没有去过，一次政府主导的文化和旅游融合活动都没有参与过，注定做不出什么大学问。广大旅游理论工作者和科研人员要像周朝的采诗官那样走到田间地头，从民谣、民风、民俗中发现需求变迁和市场空间，在调研报告的基础上形成学理支撑的原创性理论成果。这样的理论一旦为市场主体所掌握，就会成为推进文化和旅游融合发展的强大动能。

第五章

文化建设和旅游发展中的
科技支撑

习近平总书记在二十届中共中央政治局第十一次集体学习中强调,"发展新质生产力是推动高质量发展的内在要求和重要着力点",充分认识肯定了科技创新在经济社会发展中的重大意义,"科技创新能够催生新产业、新模式、新动能,是发展新质生产力的核心要素。"文化和旅游系统贯彻学习习近平总书记对旅游工作的重要指示,重点推进大众旅游、智慧旅游、绿色旅游、文明旅游,加快建设现代旅游产业体系。旅游投资机构和广大市场主体在推进文化和旅游融合高质量发展的战略进程中,发挥科技创新主力军的作用,在产品研发、场景营建和业态创新方面不断取得新突破。

■ 一、科技改变生产和生活方式,重构旅游体系

恩格斯曾经指出,"社会一旦有技术上的需要,这种需要就会比十所大学更能把科学推向前进。"[①] 以先进制造、数字化和人工智能为代表的现代科技正在深刻改变当代生产和生活方式,重构游客在旅游目的地的信息收集、出行决策、出游方式、消费行为和满意度评价体系。基础设施和公共服务的完善、科技进步、文化变迁和市场创新,让游客的消费需求越来越趋于多样化、个性化和品质化。

---

① (德)马克思,(德)恩格斯著;刘潇然等译.马克思恩格斯书信选集 [M].北京:人民出版社,1962.10.

1. 科技进步重构了旅游场景和消费模式

旅游活动古已有之，但近代旅游业一般被认为发端于 1841 年托马斯·库克组织的从伦敦到莱斯勒的火车禁酒之旅。其中很重要的一个原因就是，火车作为工业革命交通领域最重要的科技应用，让普通市民有机会也有能力去更远的地方。二战以后，欧美国家大众旅游的兴起，很大程度上也是得益于科技推动的航空工业的进步。随着现代通信技术特别是数字科技的快速发展和广泛应用，旅游方式得到显而易见的改变，旅游业也切实体会到数字化为文旅融合发展提供了更加广阔的空间。携程、去哪儿、马蜂窝等在线旅行服务商的成功；如家、七天、汉庭、亚朵、东呈等经济型酒店的兴起；以及自驾车、网约车、汽车租赁、共享单车等出游方式的创新；无不是移动互联网、大数据、创业团队与当代旅游需求综合作用的结果。改革开放初期的入境旅游阶段，旅游发展的基础设施、商业环境和公共服务尚不完善，外国人、港澳同胞、台湾同胞和海外侨胞主要采取团进团出的包价旅游方式。在旅游经济体系中，旅行社扮演了中心角色，发挥了产业链主的作用。在财务靠算盘、信息靠手写的年代，旅行服务主要依赖导游和计调等一线操作人员的经验累积和技能提升，能够拥有电话机、传真机、打字机的旅行社就算是现代化了。有经验的旅行社职员依靠"干中学"（Learning by doing）获得专属性的知识和技能（Know how & Show how），并以此满足少数游客的个性化需求，却无法满足大众旅游时代的规模化生产和标准化作业的需要。1999 年"国庆黄金周"，标志着中国旅游业进入了以国民大众为基础市场的大众旅游新时代，随之而来的是旅游散客化和个人游。因为没有语言、文化、支付方式等方面的差异，也没有签证的障碍，大众旅游开始以规模化、自由行、碎片化的姿态登上了历史舞台，对旅游经济体系、服务模式和商业形态提出了全新的挑战，旅游业也随之在科技的加持下从传统服务业向现代服务业转型。

每年数十亿人次的旅游市场、越来越个性化的消费需求和碎片化的旅游供给，仅靠劳动者——哪怕是再有经验的旅游企业员工的自然力，都无法适应市场变迁和产业升级的双重压力。对于牌照管制下成长起来的旅行社、分等定级导向的星级酒店和旅游景区而言，原有的商业模式和运营机制已经成为建设现代旅游业必须破除的障碍。就像电影《肖申克的救赎》所隐喻的那样，监狱的高墙一开始是如此可憎，因为它限制人的自由。可是在里面待久了，也就适应了，在人身得到社会意义的自由时，反而不知所措。体制和环境也是如此，经过半个世纪的团队运作和手工操作，传统旅行社很难捕获大众旅游时代的市场机遇。因时而生的携程旅行网聚焦于分散化的商务散客出行，从 800 电话呼叫中心，到个人电脑终端，到手持移动终端，再到大数据分析，现代科技在旅游服务诸环节与时俱进的泛在化应用，生动诠释了庞巴维克的《资本实证论》中"用机器生产机器"的经济学原理[①]，并取得了有目共睹的商业成就。

2. 科技进步创造了更多的休闲空间和旅游场景

科技正让文旅消费展现新的魅力，为推动文旅深度融合注入新动能。国家图书馆打造"5G 全景 VR《永乐大典》"，举办《古籍寻游记》VR 展览"，为读者提供数字化观展服务；浙江推出线上应用"浙里文化圈"，整合丰富的文旅活动信息和数字资源，助力公共文化服务智达惠享；"黄山先游后付·信用游"方便游客出游，发展数字化文化消费新场景……今天，随着互联网、大数据、虚拟现实等新技术在文旅领域的加速应用，以科技赋能文旅融合高质量发展愈加展现出生机勃勃、潜力无限的大好前景。

人们可以在线上方便地获取与景区、度假区、历史文化街区和城市商圈、文化场馆和艺术活动等旅游体验相关的文字、音频、视频资讯，无论是城市休闲，还是旅游度假，都因此而有了更多的可能选择。不断发展的数字化文化消费新场景让人们不用东奔西跑就能完成一次"云上游"。以移动互联网和大数据为代表的科技应用，正在全面改变游客旅游信息收集、旅游出行决策、旅游消费行为及满意度评价的方式，将人们在旅游过程中的各种碎片化需求与文旅资源的分散化供给进行即时有效地对接。面向具体消费场景的机器人送餐服务、无人机外卖、无人机旅拍服务、自驾车远程救援服务等，还有曲线和折叠屏幕技术支撑的裸眼 3D 观演效果，充分表明科技与文化和旅游融合已经从概念走向了商业实践，广泛渗透到旅游服务各个环节，让部分传统的旅游服务成为创造性劳动。

3. 科技进步创造了文旅融合新模式

文化是旅游的灵魂，旅游是文化的载体，二者有着天然的联系。随着生活水平的提高，文化和旅游已经成为人民美好生活的日常选项。随着市场下沉和需求升级，

---

① （奥）庞巴维克著；陈端译．资本实证论［M］．北京：商务印书馆，1964.11.

大众对文化和旅游的需求不再是惯常环境的休闲和非惯常环境的观光，更不是"你给予，我接受"，而是"我的行程我做主，我的体验我创造"的当代表达。

数字经济是继农业经济、工业经济之后的新经济形态，从文化和旅游发展趋势看，数字经济是文化事业、文化产业和旅游业融合发展的关键接口，也是建设现代旅游业体系的必由之路。在现代经济体系中，数字技术以信息网络为载体、以通信技术为支撑，通过创造者和接受者之间的双向数据传递，重构了生产生活方式和人际沟通的全新可能。20世纪90年代开始，从网易、搜狐、腾讯、阿里、百度，到抖音、快手、小红书，再到携程、去哪儿、美团、大众点评、艺龙、同程，互联网在生产生活领域的快速扩张，形成了电子商务、在线旅行服务、网络视频、游戏、博客、微博、微信等"互联网+"新业态，创造了共享经济新谱系。在科技创新的推动下，文化向旅游领域的融入已经不限于文艺作品在景区、度假区的演出，或者引导旅游者进入传统的文化空间，而是为基于先进制造、人工智能与文化创意的融合向旅游场景输出新内容、创造新空间、提升新体验。到目前为止，互联网和数字化已经完成了对传统旅游业的全面改造。为适应文旅融合高质量发展的新要求，文化和旅游系统从政府主导的指挥平台建设，到旅游目的地规划、建设、推广和运营，持续强化智慧旅游和数字文旅建设，市场主体已经成为科技赋能文旅融合发展的主力军。

课题组运用 Python 软件获取百度新闻中过去五年科技、文化和旅游融合创新的相关资讯，经由频数统计从中提取支撑技术、应用领域、区域及其具体应用场景等关键字段，从而得到文化和旅游领域产业实践层面的技术创新进展（表 5-1）。研究发现：以大数据为代表的新一代信息技术有力推动了文化和旅游融合发展，互联网、大数据及云计算是创新发展的关键共性技术。人工智能、虚拟现实、增强现实、物联网、5G 技术成为文化和旅游深度融合的显性力量，区块链、机器人、业务协同、3D 打印技术成为旅游业提质增效的重要突破口。

表 5-1　文化和旅游融合发展进程中的技术支撑

文化和旅游融合方向	主要支撑技术
非物质文化遗产大数据平台（甘肃，2020.5）、旅游厕所大数据管理（原国家旅游局，2018.2）	云存储、大数据

续表

文化和旅游融合方向	主要支撑技术
大数据旅游扶贫地图（高德地图，2019.3）、自驾游大数据项目（度仟城，2020.7）、"智慧景区管家"、"一张地图游乌镇"、"西湖一键智慧游"（高德地图，2019）	大数据、GIS
少数民族语言文化大数据采集平台（内蒙古，2020.6）	大数据、语音处理、数字存储
文旅视频云（重庆，2020.9）、公共文化旅游资源数据库（重庆，2020.9）	云存储、视频压缩、传输、云媒体平台
旅游大数据平台（移动等）、黄河文旅大数据平台（马蜂窝、三门峡市等，2020.9）、大数据监管（文旅部，2020.9）、交通旅游服务大数据应用试点（交通运输部，2018.3）	大数据存储、数据分析、数据挖掘
一机游、文旅微信小程序	移动互联网、微信小程序、App
文博VR展馆（山西文博会，2019.12）、VR赛事场馆（首钢园，2020.8）、AR看重庆	虚拟现实、实时运动数字捕捉、人工智能、增强现实
"飞越"北京（2020.9）	模拟飞行器、VR眼镜
"数字圆明园"、石刻世界文化遗产监测预警系统（重庆，2020.9）	数字复原、3D重建、8K超清视频、地面雷达沉浸式交互系统、数字摄影、模型重构
奇幻光影森林（移动和华为，2019.9）、北京科博会（2020.9）、妙笔生花看丰台（2020.9）	5G、鲲鹏计算平台、高性能计算、感知设备、高实时协同、光影组合、实时计算
机器人表演"戏舞"（北京丰台，2020.9）、餐饮机器人（碧桂园，2020.9）	机器人技术、人工智能
前瞻话题	多源数据、实时渲染、MR混合视觉、3D数据、3D打印等

* 资料来源：课题组根据互联网平台信息整理

■ 二、科技赋能文旅融合的需求审视与供给创新

　　文旅融合是科技应用的有效场景，也是科技创新的重要引擎。在科技日新月异的今天，文旅深度融合发展更加需要提升科技支撑水平，更加需要聚焦文旅融合发展重大战略和现实需求，全面提升文化和旅游科技创新能力。

1. 文化和旅游需求视角下的科技创新

文化休闲和旅游活动满足了人民群众对高品质生活的需要，为现代科技提供了广泛的应用场景和创新引擎。随着旅游业进入繁荣发展新周期，外国人入境和中国公民出境旅游都出现了散客化、自助游和个性化趋势。国际旅游者需要独立完成的消费环节越来越多，地理信息搜索、非母语交流、公共交通工具使用、非本币支付愈发成为旅游者的刚性需求。在旅游需求和科技创新的共同作用下，基于 5G 通讯、智能手机和大数据的即时翻译技术，基于微穿戴甚至无穿戴设备的增强现实技术，已经完成了市场培育期，正在形成旅游市场新蓝海。

对游客的科技需求、体验感触、满意程度的专项调研表明，超过 50% 的游客最关注通过科技提升安全感和便捷性，希望提升文化旅游服务的智能化水平[①]。游客更加期待行程的智能规划技术，也希望目的地政府进一步优化智能交通和旅游厕所的导引服务，进一步加大房车、游轮、游艇和旅游列车等高端装备的研发制造力度。加快旅游场景的信息化建设，需要权威、系统和专业的数据作支撑，从而对文旅融合的科技创新方向和可能路径形成清晰判断。在民用航空器飞行过程中提供互联网接入和即时通信服务，虽然技术已经成熟，但是不见得受到航空公司和旅客的欢迎。由于机舱是个狭窄且密闭的空间，语音通话会极大干扰其他人的休息、阅读和进餐，一旦这个场景营造出来，对旅游者的服务感知可能是负面影响。相对而言，机器人送餐服务倒是不会产生负的外部性，问题是游客在多大程度上接受它。类似的问题也包括智能语言导览和远程自动控制酒店的灯光、温度和湿度，人们外出旅游就那么需要把每一件事、每一个环节都安排得像国家元首一样分秒必争吗？事实上，游客也越来越倾向于"向科学的傲慢说不"，坦然接受世界的不完善和生活的不完美。这里面既有服务商和游客共同面对的"成本－收益"计算问题，也有潜在市场的厚度和消费心理问题。

随着 90 后、00 后和 10 后日渐成为旅游消费的主力人群，目的地营销机构和旅游业界不能一味地言说过去，还要让他们看到未来的无限可能。这就需要吸引新时代的旅游者走进科技馆去感受科学，走到旷野中去眺望遥远的星空，促使人们在旅游的过程中去思考那些看上去没有直接的功用却能够影响人类文明演化的问题。这也是文化和旅游深度融合的题中之义。

---

① 数据来源：课题组关于科技创新对于旅游影响的专项调研。

2. 科技创新视角下的文旅融合发展

新质生产力代表先进生产力的演进方向，是由技术革命性突破、生产要素创新性配置、产业深度转型升级而催生的先进生产力质态。新质生产力以劳动者、劳动资料、劳动对象及其优化组合的跃升为基本内涵，具有强大发展动能，能够引领创造新的社会生产时代。

从哈尔滨的雪花，到上海黄河路上的繁花；从山东淄博的烧烤，到甘肃天水的麻辣烫，一座又一座"网红"城市引发了对旅游业发展模式的广泛讨论。越来越多的人认识到，现代旅游业不能仅仅靠山水自然资源和历史人文资源，还要导入和培育科技、文化、艺术、时尚、创意等新质生产力。基础设施、公共服务、商业环境和生活品质是文化和旅游融合发展的底层逻辑，更是旅游目的地创新发展的基础支撑。当"呼伦贝尔号""雪国列车号"旅游列车飞驰，"水上五星级酒店"长江贰号游轮启航，首艘国产大型邮轮"爱达·魔都"号下水，以科技研发和先进制造为代表的新型工业化对传统旅游业的改造与提升效果有目共睹。迪士尼、环球影城、欢乐谷、长隆、海昌、银基、融创、复星的主题乐园项目，以及哈尔滨冰雪大世界、苏州湾数字艺术馆、"二分明月忆扬州"等旅游体验新空间，无不是技术和资本支撑的新业态。

都市旅游、乡村旅游、康养旅游、邮轮旅游等新业态涌现，表明现代旅游业发展同样需要高素质的劳动力，需要科学、技术、人文、创意等新质生产力。旅游资源就像石油，不是取之不竭、用之不尽的。"人山人海吃红利、圈山圈水收门票"的时代已经一去不复返，如果我们继续抱着"旅游业是劳动密集型、经验驱动型的行业"的传统观念，将无法立足于文化引领、科技赋能、创业创新的新时代。人们的生活方式已经改变，如果还用传统生产方式来满足游客需求，就成了刻舟求剑。科技进步正在和需求变迁一道，倒逼旅游从业者以全新的理念看待今天的旅游业，以新质生产力推动旅游业高质量发展。

如果人的思想观念没有进步和演化，再先进的生产力也起不到任何效果。就像计算机虽然先进，但是如果把它交到原始人手上，很难发挥其应有功能。在生产过程中，人和生产工具、生产方式之间，要有一定的匹配性。从这个意义上说，培育旅游新质生产力，首先要培育新型旅游人才。必须充分认识到，科学技术、文化创意，以及现代的商业模式、组织方式、生产方式，可以提升工业、农业、商业的效率，同样也可以提升旅游业的效率。如果这些以科学技术、文化创意、时尚传媒等为代表的新质生产力，改变了所有的生产环节的模块，那么旅游业不可能置身事外。

当下，旅游业要重点关注那些将要进入市场导入期的科技，而不是科学发现和工程技术的原始创新。为了适应人民在大众旅游新阶段或者说小康旅游时代对美丽风景和美好生活的新期待，政府旅游行政主管部门和企事业单位早在十年前就提出了智慧旅游的建设思路。近年来，市场主体推动的旅游领域技术创新发展迅猛。5G、大数据、人工智能、物联网等新技术的应用和数字科技企业的进入，进一步增强了旅游产业创新发展的动能。更多的目的地规划、建设和运营机构以及更多的市场主体将科技创新成果转化为游客可触可感的项目、产品和服务，有效提升了游客满意度和产业竞争力，带动了旅游从传统的生活服务业升级为现代服务业。

3. 智慧旅游从哪里来，向哪里去？

2010 年原国家旅游局正式提出并启动试点以来，智慧旅游（Smart Tourism）很快就成为政产学研的显话题。经过 14 年的试点和探索，智慧旅游在基础设施建设、行业管理体系创新、对外和对港澳台合作、游客满意度提升，特别是在市场主体建设和消费场景应用方面均取得了长足进展和显著效果。同时也要看到，由于缺乏理论支撑和宏观引导，智慧旅游在地方探索和产业实践中走了不少弯路。有的地方和企业看不到广大游客既要美丽风景，也要美好生活的现实需求，把精力过于集中到传统景区的地理信息采集、扫码入园、游迹跟踪上，指挥部的监视屏越来越大，清晰度越来越高，而游客关心的客源地大交通、目的地小交通、旅游住宿、餐饮、娱乐和购物等消费信息却很难查到。这样的智慧旅游政务除了节假日领导来视察点赞、登报纸、上电视外，对产业发展、服务和监督毫无作用。很多时候没有算过成本，就没有效能提升的概念。有的地方一说旅游公共服务，就马上想到开工上项目，却很少想到今天的旅游目的地已经不再是封闭的世界，而是开放的体系，是主客共享的美好生活空间。有的地方想用一部手机解决所有的旅游问题，以为有了线上流量就可以构建起闭环运营的商业生态圈，沿用的却是"省—市—县—景区"行政思维。在城市越来越成为独立目的地的今天，在游客需求快速迭代的当下，无论是权力的傲慢，还是资本和技术的自以为是，都是要不得的。在市场发育尚不完善、人力资源规模尚不足够、格局和视野尚不够开阔的时代，智慧旅游的热情与理想还缺乏与之匹配的工具理性和底层器件。现在一说智慧旅游，也不管国情、区情和旅情，不管所在机构的人力资源是否匹配，就直奔高科技、新科技去了。一说搞规划就是请世界一流、国内一流的专家学者，一说科技应用就是越高越好、越新越好。在可以看到的未来，如果没有导游、讲解员、餐厅服务员、保洁员、快递员等一线员工的高标准和人性化的服务，就无法解决品质旅游的"最后一公里"。

还有前些年热炒的 VR、AR 概念，只是停留在一些展览会的演示项目上，并没有产生现象级产品和独角兽企业。从短期的商业因素上看，是因为没有应用场景；从中长期的市场环境看，是因为没有稳定的增量需求支撑。在可穿戴设备微型化和内植化之前，增强现实、机器学习可能具有科技创新意义，也可能具有公司形象展示意义。如同 20 世纪希尔顿酒店集团曾发布了月球酒店的概念设计图，但是在科技进步到人类能以今天的机票价格那样低门槛地、大规模地往来月地之前，也只会停留在概念导入阶段。类似的科技还有马斯克的星链（Starlink）、星舰（Starship，SN5）和龙飞船（Dragon）勾画的星际旅行的未来场景，也许在五十年、一百年以后会成为现实。但对于绝大多数旅行服务商、旅游住宿运营商、旅游景区和休闲娱乐机构而言，在未来到来之前，还是需要重点关注那些可以形成消费场景的科技，要理性地接触现代科技，既不要视而不见，也不要盲目跟风。

科大讯飞的机器翻译技术，谷歌、高德、腾讯等的导航技术，以及苹果、阿里、微信等的支付工具备受关注，就是因为高速增长的出境旅游市场及其散客化趋势，使得游客独立面对的非母语沟通的消费场景日渐增多。从需求变迁和市场的演化角度出发，无人驾驶汽车可能是下一个"旅游＋科技"的技术风口，这是高速增长的自驾出行和高门槛的国际驾照资格所决定的。基于 5G 通讯、智能手机和大数据的即时翻译技术，基于微穿戴甚至无穿戴设备的增强现实技术，面向沉浸式或行浸式旅游演艺的光影技术，可能很快就会进入市场培育期和投资增长期。

当然，太赫兹、北斗、天眼、蛟龙深潜、高超音速火箭等技术更炫，甚至是形塑未来的国家战略，也是值得关注的，但是短期内不可能是文化事业、文化产业和旅游业关注并投资跟进的科技。道理很简单，这些既定——主要是国家竞争所决定的战略需求，不需要考虑成本，也不会很快民用和商业化的技术，是旅游业高质量发展底层器件，也可以说是旅游产业未来发展的决定因素，而不是现实的影响因素。这些高技术是旅游产业转型升级的自变量，作为因变量的旅游业要考虑的是如何适应它、应用它，而不必要更不可能考虑如何决定它。

三、科技赋能文旅融合高质量发展的理念、方法与路径

科技赋能文旅融合高质量发展是一项系统工程，需要久久为功、形成合力。高度市场化的旅游产业科技创新应由需求引领，要理顺旅游科技创新体制机制、区分政府和市场职能，从事业和产业两种属性、国内和国际两个视域、资源和市场两个方面着眼，做好顶层设计，注重分层对接。构建产研结合的文化和旅游科技创新体系，让文旅在更广范围、更深层次、更高水平上实现融合。

1. 坚持以人民为中心的发展理念，推进文旅融合高质量发展

科技要素只有和市场需求、产业进步相结合，才能发挥最大价值。两者相辅相成、互促互进、共同成长，要把实验室的科学发现、技术创新与旅游产业进步有机结合起来，让更多的国民在旅行的过程中尽享科技进步的福祉，为人民谋旅游权利福祉，为建设现代文化产业体系、现代旅游业体系做贡献。

科技创新在文化和旅游产业发展中的作用日益彰显，有必要从游客视角去探索文化和旅游科技创新方向，为文化和旅游科技创新提供指引。先进技术可为游客带来新鲜感和科技感，对游客体验满意度有明显提升作用，可作为检验文化和旅游场景科技创新成效的标尺。科技赋能文旅融合高质量发展，要坚持以人民为中心，努力满足人民的文化需求、旅游需求，不仅让人民群众有的游、游得起、游得开心，更要通过高质量发展文化和旅游提高人民群众的幸福指数。科技是为人民的美好生活服务的，任何时空，人都是目的，而不是手段。未来，要强化需求引领，深入分析把握人工智能大模型等先进科技、通用航空器和邮轮游艇等高端装备制造等对文旅融合发展的影响，要在了解市场的基础上发现需求、满足需求、创造需求，重点关注那些可以形成消费新场景、能够提升文旅活动质量的科技，进而不断满足人民群众个性化、多样性的文旅活动需求。

2. 培育新质生产力，强化市场主体创新能力

从大众旅游的基本国情出发，抓好"互联网＋旅游"文件的落实和智慧旅游的升级，一切创新都要落实到满足消费、便利消费和激发消费、创造消费上。改革开放四十年来，我国已经从旅游资源大国发展成为旅游大国，旅游已经进入国民大众

的日常生活，国民消费已经成为旅游经济运行的基础支撑。2019 年，国内旅游市场达到 60 亿人次，入境旅游市场 1.45 亿人次，出境旅游市场 1.55 亿人次，旅游总收入超过了 6 万亿元，^①从总量上看，这些都是了不起的成就。到 2035 年，我国将形成一个百亿旅游人次和超十万亿元消费的国内旅游超级大市场，保持对国民经济和社会就业 10% 以上的综合贡献率。在此进程中，互联网企业只有持续加强与旅游景区等实体机构的合作，用科技为传统企业赋能，使广大游客的满意度和获得感得到提升，实体企业的市场创新和商业活力得以增强，才能进一步促进旅游消费扩容和旅游产业升级。

从供给侧来看，文旅新质生产力要充分发挥市场机制在资源配置中的决定性作用，充分发挥市场主体在智慧旅游建设中的积极性、主动性和创造性。需要成千上万的旅行社、线上旅行服务商、星级酒店、社会旅馆、民宿、景区、主题公园、旅游购物、交通车船等旅游企业加入到这一进程中来，实现数字化转型和产业竞争力的提升，完成政府的规划目标和工作任务。

当然，建设智慧旅游新方略，推进旅游业高质量发展，也离不开政府的有效作为，既要优化营商环境，加大产业创新的促进力度，也要及时回应社会关切，务实推进包容审慎式监管。行业监管不能仅仅满足于做大平台、大屏幕等硬件投入，更要聚焦于欺诈消费、强迫消费、不合理低价、滥用市场垄断地位等不诚信经营，以及有悖公序良俗的不文明旅游。借助互联网和大数据，坚持依法治旅、依法兴旅，不断提升旅游治理体系和治理能力的现代化水平。

3. 发挥市场主体积极性，提升从业者综合素质和专业能力

新技术的广泛应用不仅为人们带来了全新的视听体验，形成了文旅融合发展的新业态，更对文旅行业以及行业人才培养提出了新的要求，即亟须重点培养既懂得文化和旅游，又掌握数字技术及其应用场景的复合型人才。具体到旅游业，作为旅游市场需求变化的感知者、科技应用的实践者，旅游行业从业者要率先实现自身的数字化转型，比如大力提升人工智能素养和技能。同时，还要推动文化创意、时尚生活等领域的从业者加强与旅游景区度假区、旅行服务等领域的从业者加强合作，用科技为传统企业赋能，让文化引领旅游发展，让旅游为文化扩大市场。

---

① 数据来源：《2019 年旅游市场基本情况》。

还需要有科技创新的观察者和业态创新的促进者。熟悉市场的企业家和经营管理团队中，并不是每个人都能够理解科学的价值和技术的作用。在人类知识生产的早期阶段，学科之间并没有泾渭分明的边界。不要人为地画地为牢，想当然地把旅游视为某个学科的领域。高层次的研究机构和高水平的研究团队要多做些科普工作，像盗火的普罗米修斯那样，以智慧指引产业前行的方向。

更需要有旅游市场需求变化的监测者和创新需求的提出者。在一个高度分工的社会里，搞科学、做技术者没有时间和精力去了解旅游市场的需求，尤其是那些可以承载科技创新成果商业化应用的消费需求及其商业实现路径。他们需要保持对科技前沿的关注，像预警飞机和相控阵雷达那样为旅游产业探索可能的商业机会，发现可能的市场风险，进而引领旅游业高质量发展的方向。无论商业机会，还是市场风险，都给决策机构和战略单元以具体的方位坐标，距离多远？多长时间会到来？成为现实的概率有多大？怎么样才能最大限度地捕捉机会和规避风险？等等。

在人才培养过程中，理论成果和专业教材是必不可少的支撑，相应的知识和技能要让专业学习者看得懂，更要让实际工作者用得上。罗纳德·费希尔在1925年出版的名作《研究工作者的统计方法》中有实例介绍图表制作的方法、分析数据的方法和解释结果，有列举公式甚至详细介绍这些公式在机载计算机上的使用方法。[①] 但是，所有的公式都没有数学的推导和证明。对于某一学科的研究人员而言，只要这些公式和方法是目前"最好的"模型就足够了，就如同应用经济学者只需要知道如果没有确定的、可交易的和受保护的产权，就没有经济的繁荣与增长就足够了。至于科斯定理的数学证明，还是留给数学功底扎实的理论经济学家，正如杨小凯教授所做的那样[②]。相对于统计学理论和计算机科学，旅游大数据的应用色彩更加深厚，哪怕其理论建构也是如此。在前期研讨和写作展开的过程中，我反复商请唐晓云博士、马仪亮博士、谢仲文博士，受过管理工程、统计学、计算机等学科系统的学术训练者，从所学专业的应用层面出发，让科学之光照进旅游业的现实，让更多一线工作者也能感兴趣、看得懂、学得会，并在旅游统计和大数据分析的实践中加以应用。事实上，包括大数据在内的科学、理论和知识都不应仅用于膜拜，更不应让人敬而远之，而是让人亲而近之、得而用之。

① （英）罗纳德·费希尔.研究工作者的统计方法［M］//科茨，S.约翰逊，N.L.（编）.统计学的突破：方法和分布.纽约：施普林出版社，1970：66-70.

② 杨小凯.社会经济发展的重要指标——基尼系数［J］.武汉大学学报（社会科学版），1982（06）：73-76.

4.提高文旅产品和服务供给水平

新一轮科技革命和产业变革方兴未艾,文旅融合新需求将在科技发展中不断得到释放,文旅产品和服务供给水平也将在科技赋能下不断得到提升。以移动互联网、大数据、人工智能为代表的新一代信息技术开始推动旅游业走向信息化、智慧化,形成定制旅游、即时翻译、微导游、酒店机器人等新兴产品和业态,推进智慧景区和智慧目的地建设迈上新台阶。高速交通技术更加夯实了旅游业增长的技术基础,使高铁旅游快速发展,AR、VR、5G等技术推进沉浸式体验产品市场化。而旅游公共服务及管理、旅游市场监管、旅游资源保护等非市场领域的科技发展则相形见绌,无法满足技术进步下形成的网络化、散客化、个性化的市场发展需求,一定程度上对旅游体验的品质提升形成制约。

通过科技赋能不断降低文旅产品和服务的成本,实现文旅服务的便利化、文旅管理的智慧化、文旅业态的多元化。文旅与科技融合构建了一个复杂交织的系统,在不同的应用场景之间,形成了一个覆盖全要素、全过程、全周期的“经纬图”。随着文旅和科技融合持续深化,更多技术门类、应用场景都将以非线性的复杂形式加入到二者的耦合之中,产生更多元丰富的产品、服务乃至产业类别。以人工智能、5G、物联网等为代表的新技术,为游客提供智能化、便捷化、安全的旅途服务,加速旅游产品创新,提高产业运营效率。景区景点机器人服务、无人超市、酒店内人工智能助手、机场机器人导览、博物馆机器人讲解、VR/AR体验、出境的语音拍照翻译软件,科技体验点亮整个旅途,为游客带来全新感知。5G来临后,万物皆媒不是空话,光影、虚拟现实、增强现实、全息技术等新型科技为艺术带来不一样的创作源泉,也为艺术的表达提供全新的展现形式,进一步促进文旅深度融合。

面对科技赋能带来的文旅新业态、新场景、新模式,要提升治理能力,有效改善文旅管理方式、服务流程、产品供给等,为不断提升文旅产品和服务供给水平提供有效支撑。如利用大数据技术来发现升级市场需求、创新旅游产品和服务、形成精准营销和可视化安全管理,使得游客的旅游过程变得更加愉悦。综合集成大数据、云计算、物联网等应用技术的智慧旅游,在游客体验、公共服务和企业管理方面展现出巨大的应用潜力。包括:(1)旅游景区管理智能化,即通过对景区资源、环境、天气、气象、服务以及游客数据的实时采集,全天候监控旅游景区的动态变化,基于云计算制定景区应急管理预案,开发智能导览系统,使景区决策管理更加智能精细。（2）旅游服务个性化，即通过采集、分析民众的旅游消费数据，基于消费偏好分析获取游客"画像"，及时为游客提供个性化的服务。（3）旅游营销精准化，即通过挖掘大数据，有的放矢，大幅提高旅游营销的效率。（4）旅游统计科学化，即基于通讯信令数据及游客在交通、购物等方面的消费数据构建新的统计方法，让统计数据具有更高科学性和可靠性。

第六章

文化和旅游公共服务促进融合发展

文化建设和旅游发展都是为了满足人民美好生活的新需求。多数情况下，旅游新需求对应的是商业供给，文化新需求对应的是公共服务。大众旅游进入全面发展新阶段以来，游客权利和居民权益的保障越来越需要日益完善的公共服务供给。在文化和旅游融合这一动态演化的复杂体系中，公共服务在价值观和消费偏好塑造、目的地选择和消费决策、主客互动和行为评价等方面均扮演了关键角色，发挥了积极作用，不可不纳入当代旅游发展理论视野，并给予深入而系统的研究。从大众旅游的人民性出发，应着眼于旅游权利及其保障，最大限度地凝聚旅游公共服务创新发展的思想共识，进而形成有利于新时代旅游事业发展的社会动员能力，科学完善地构建中国特色的旅游公共服务体系。

■ 一、公共服务视角下的文化建设和旅游发展

无论对于客源地视角下城乡居民旅游休闲权利的保障，还是集散地和目的地发展体系中游客体验感和满意度的提升，公共服务都如同洁净的水源、优质的空气和安全的环境，从来不是一个可有可无的选项，而是一个必须回答，而且要回答好的必答题。随着旅游日益成为人民美好生活的日常选项，游客广泛融入目的地居民的日常生活，旅游需求越来越呈现出多样化、个性化和品质化趋势，进而对旅游目的地竞争和旅游业高质量发展提出了全新要求。公共服务体系作为旅游业发展的基石，

其完善程度直接影响到旅游业的整体竞争力和可持续发展。高水平的公共服务和公共治理，将有效增加目的地对游客的吸引力和满意度，也将直接促进营商环境的优化和发展水平的提升。

1. 公共文化空间的生活化

根据中央编办发布的《文化和旅游部职能配置、内设机构和人员编制规定》，文化和旅游部"负责公共文化事业发展，推进国家公共文化服务体系建设和旅游公共服务建设，深入实施文化惠民工程，统筹推进基本公共文化服务标准化、均等化"。内设公共服务司，整合了原文化部公共文化司与原国家旅游局综合协调司的行政职能与人员编制，主要职责涉及：拟定文化和旅游公共服务政策及公共文化事业发展规划并组织实施；承担全国公共文化服务和旅游公共服务的指导、协调和推动工作；拟订文化和旅游公共服务标准并监督实施；指导群众文化、少数民族文化、未成年人文化和老年文化工作；指导图书馆、文化馆事业和基层综合性文化服务中心建设；指导公共数字文化和古籍保护工作。根据"三定"规定，图书馆、文化馆、基层文化服务中心，加上文化和旅游部管理的国家文物局负责的博物馆、革命文物和重点文物保护单位，大体上构成了当代中国的公共文化空间。

从文化和旅游部组建以来落实公共服务的成效看，除旅游景区厕所建设外，工作以公共文化阵地建设的内容供给为主。针对旅游活动的公共服务，虽然也做了卓有成效的调查研究，出台了一些导向性的政策文件，但是带有统筹和引领性的文化和旅游公共服务似乎并没有明显进展。究其原因，公共文化服务已经形成了稳定的投资、建设、运营和管理模式，而旅游公共服务的内涵、外延和载体并不清晰，理论准备和顶层设计的缺位，导致文旅融合进程中的公共服务更多依靠地方探索和基层实践。做好新时期的旅游公共服务，不能只是从供给侧着眼，也不能只从文化和旅游系统现有的"三定"规定入手，而是要回到供给侧的公共文化服务和需求侧的旅游公共服务上来，系统思考公共服务视域中的旅游权利、旅游产业化进程中的公共服务，在此基础上，重构文旅融合与公共服务的关系架构。

公共文化在满足人民文化权利，实现宣传、教育动员的目标的同时，也对旅游行为和产业发展起到底层架构的作用，并深刻影响了游客的目的地选择和消费结构。游客是出游的居民，居民是归来的游客。多数情况下，城乡居民在本地所接受的教育和文化，直接决定了其作为游客在异国他乡的文化参与程度和文化类型选择。那些在惯常环境和日常休闲中常去博物馆和戏剧场的人，离开惯常环境，以游客的身份到了目的地城市，更愿意到访当地的文化空间和休闲场所。那些拥有闻名于世的文化地标和艺术空间的城市，往往也是全球旅游市场上的头部目的地。这一假设得到了全国游客满意度调查、世界旅游城市评价和课题组的统计数据证实，也得到了文化建设和旅游发展进程中地方案例的有力支撑。

新中国成立之初，中央政府借鉴苏联的经验，责成教育部建设文化馆体系，负责建设、运营和管理群众文化活动和宣传阵地。1952 年，文化馆由教育部转隶文化部。后来管理体制和建设目标历经多次变迁，直到 2015 年 1 月，中办、国办印发《关于加快构建现代公共文化服务体系的意见》和《国家基本公共文化服务指导标准（2015—2020 年）》，正式出台基本公共文化服务的国家标准，全面部署现代公共文化服务体系的构建工作。2016 年，全国人大通过《中华人民共和国公共文化服务保障法》，正式从法律上明确了文化馆的公共文化属性和政府的保障责任。2019 年 1 月，有关部门发布《加大力度推动社会领域公共服务补短板强弱项提质量，促进形成强大国内市场的行动方案》，提出"要推进基本公共服务的均等化、普惠化、便捷化，促进公共服务更高质量、更高水平发展"，要求"既要重视公共文化服务的均等化发展，也要加强旅游公共服务设施建设，从而满足人民群众日益增长的美好生活需要"。在政策引导和各方面的共同努力下，我国公共文化服务走上了制度化、体系化和专业化建设新轨道，人民群众的文化获得感得以持续提升。

在没有互联网的 20 世纪 80 年代，在电视机没有下乡的 60 年代和 70 年代，城乡居民的传统文化启蒙，对戏曲、电影和现代当代文学的了解，主要是受益于公社、乡镇的文化馆和大队、行政村的文化站，还有村村通的有线广播。2020 年 10 月，党的十九届五中全会明确要求健全新时代公共文化服务体系和文化产业体系，丰富人民精神文化生活。今天，人们走进文化馆，不再只是被动地接受已经安排的展览展示活动，而是注重学习和互动。他们希望通过活动增进家人感情，增加社会交往，获得自身成长。从文化馆的课程供给来看，音乐、舞蹈、书法、美术、工艺方面的内容更加丰富，上海、北京、广州、深圳等地开发的无门槛话剧、钢琴、无伴奏合唱、插花、刺绣等课程，往往一上线名额就"秒光"。随着更多非遗项目走进文化馆，文化馆开始从文化空间向生活场景转化，从"国建民享"转向"共建共享"，接下来转向"主客共享"的文化空间和文化场景将是自然而然的事情。

2. 公共服务是旅游业高质量发展的坚实支撑

从个体的、自发的、零散的旅游活动，进入大众的、自觉的、系统的旅游经济以后，现代旅游业的规模扩张和质量提升对基础设施、公共服务、产业政策和行政管理的依赖性日益增长。如果没有航空港、高速公路、高速铁路，无法想象中远程游客如何抵达目的地城市。如果没有供水、排污和防洪的地下管网，没有石油和天然气管道、电网、物流配送、检验检疫体系，也无法想象酒店、度假村、购物中心、主题公园等商业机构如何生存发展。如果没有公共安全、市容与街道管理、市场监督、司法和行政救济，居民和游客的安全感、幸福感和获得感就无从谈起。这些基础设施和公共服务，既构成了城市旅游吸引力，也构成了旅游产业竞争力。离开基础设施和公共服务，只从传统的自然资源和历史文化遗产入手，无法解释世界一流旅游目的地为什么与所在地的经济社会发展水平，而不是自然和文化遗产的拥有量高度相关，也无法科学引导旅游业高质量发展和现代旅游业体系建设。

回顾改革开放四十年来的旅游发展进程，学术研究和理论建设也好，产业实践和目的地开发也罢，关注的焦点在资源开发、景区建设、规划投资上，在旅行社、酒店、公路和厕所上，在目的地形象策划、宣传推广和营销组织上。从发展的角度看，特定历史阶段具有与之相适应的发展模式。我们既不能用今天的眼光简单地评价历史，也不能用简单的历史经验指导今天变化的实践，因地制宜、因时制宜才好。改革开放初期，旅游消费主体是外国人、港澳同胞、台湾同胞和海外侨胞，"入境为主，观光导向；政府主导，适度超前"构成了特定历史阶段的旅游发展战略要义。改革开放以后的入境旅游需求让 20 世纪 80 年代成为旅游业的"黄金十年"，加上内生性的旅游消费需求还没有形成市场，建设重点只能解决供给短缺的问题，开发重点只能是传统的自然资源和历史文化资源。党的十八大以来，居民和游客主客共享的生活场景、文化和旅游深度融合，数字化、人工智能和先进制造推动的现代旅游业，直接推动了旅游学术研究和理论建设。我们突破了自我建构的旅游世界，开始直面民族复兴和人民幸福的"中国梦"所彰显的社会主义现代化建设新成就，开始深入思考目的地居民的生活场景和经济社会发展体系对旅游业的作用。在 60 多个季度全国游客满意度调查和旅游经济运行分析等课题展开的过程中，中国旅游研究院的专业团队陆续提出了"景观之上是生活""万丈红尘最温暖""城市，共享的文明和触摸的温暖""主客共享美好生活新空间""中国梦是旅游发展新动能"等新理念、新观点，并获得了广泛认同。沿着这个思路继续往前走，就是"旅游目的地是生活环境的总和""商业环境是城市旅游竞争力的关键要素"。沿着这个思路往前探索，旅游研究的认知边界和实践创新自然就会进入公共服务领域。

■ 二、文化和旅游融合发展的公共服务保障

旅游中的公共服务既包括旅游者在出行和目的地居停期间所享受的公共服务，也包括旅游投资机构和市场主体在投资、运营、向旅游者提供产品和服务的过程中所使用的公共服务。无论国内国际，也无论旅游业发展的哪个阶段，旅游中的公共服务都是泛在的，而且越是旅游发展的高级阶段，公共服务在国民旅游权利实现和旅游业高质量发展战略中扮演的角色越重要，发挥的作用越积极。

1. 文化和旅游公共服务的泛在化供给

《中华人民共和国旅游法》并没有从法条上对公共服务作出具体的内涵规定，原国家旅游局制定的有关文件，如《关于进一步做好旅游公共服务工作的意见》《"十三五"全国旅游公共服务规划》也没有对旅游公共服务的内涵作出明确界定。根据现有法律法规和产业政策，旅游公共服务的外延涉及旅游基础设施、旅游交通便利化、旅游公共信息服务、厕所革命、国民旅游休闲、旅游惠民便民服务、旅游安全保障、旅游公共行政服务等方面。我们所理解的旅游公共服务是指为保障旅游者权益，政府和公共部门投资、运营和监管的公益性和非营利性项目，保障游客权利是旅游公共服务的核心要义。旅游公共服务体系是由供给主体、供给内容、供给对象以及支持子系统共同构成的完整体系。

随着旅游客源地和旅游目的地之间的航空、高铁和高速公路等"大交通"，以及目的地城市的地铁、公交、出租车、网约车、共享单车等"小交通"的完善，广大游客借助移动通信、互联网和人工智能技术，广泛进入城乡居民的日常生活空间。受需求变迁的影响，旅游资源开发、旅游产品研发和旅游目的地建设模式发生了根本性的变化，进而对旅游标识、解说系统、停车场、集散中心、公共厕所、门票预约平台等旅游公共服务提出了全新的挑战。

从全球范围来看，欧洲、北美作为全球主要旅游客源地和主要目的地，呈现出

旅游客源地和目的地高度同构的现象，其中文化地标性的世界中心城市更是扮演了举足轻重的角色。以伦敦为例，2017年来自法国、美国、德国、西班牙、意大利等发达国家，尤其是中心城市的游客，占全部国际游客总量的64%。[①] 在一个主客共享品质生活的城市空间里，在一个旅行经验越来越丰富、旅游体验越来越个性的时代，游客广泛进入公共空间和休闲场所，并以寻常的目光打量城市的日常细节。城市的品质、温度和调性，而不是高度和硬度，成为打动人心的持久力量。在这一背景下，相对差异化的自然景观和历史人文资源，承载人类共同价值的世界文化地标，及其高维的生活品质和外在的商业环境，才是旅游目的地竞争的关键指标。不是景区景点，而是城市整体的安全、秩序和品质感才是都市旅游目的地形象建构的本底资源。不是旅行社、导游、酒店等传统旅游要素，而是市民素质、基础设施、城市管理和公共服务，决定了都市旅游业的品质高度和未来发展。在中国旅游研究院的数据库中，经常能看到这样的游客评论，"法兰西果然是一个浪漫的国家，音乐无处不在。火车站都摆放着一架钢琴，供等候的旅客打发时光。不一会儿工夫，已经欣赏了好几位旅客弹奏的曲子，等候大厅俨然变成了演奏厅，让等候变得不再乏味，让手机变得不再唯一""银行、邮局、修水管什么的也不是生活中常用的吧，但是便利店超市和日常生活息息相关，最羡慕东京的出行方便，四通八达的交通路线，在国内一线大城市常年生活的我作为一个健康人都觉得出门很累，何况残疾人、带小孩的妈妈，东京对这些人群太便利了。更别提满街的自动贩卖机、车站的寄存柜，还有生活区域的自助洗衣店"。从大众旅游、全域旅游、游客满意度和旅游目的地竞争力的跟踪研究得出的系列结论，其价值不仅仅局限于学术范畴，更体现在有助于我们思考文化和旅游融合发展新时代的旅游发展战略。如果这个理论成立的话，新时代旅游业的指导思想、发展战略和工作举措可能都面临着反思与重构的现实要求。

从近年来海外旅游目的地在中国的推广策略来看，比如洛杉矶的"小产品"、新西兰的"定制游"、纽约的"原味纽约"（True York City），都是秉承着"景观之上是生活"的理念，更加注重文化内涵、生活品质和商业要素的宣传，以求更加精准地打动目标市场。从目的地建设的角度而言，也是更加注重城市生产生活存量资源的整合，即传统的资源开发和主题公园建设等增量资源与城市经济社会发展有机结合在一起，以提升市民生活品质、促进区域可持续发展。纽约的"Summer Streets"，

---

① 数据来源：课题组根据官网数据整理。

每年 8 月有三个星期在公园大道上禁止车辆通行，腾出空间让所有人跑步和步行，沿途各种公共艺术、文化表演和水上乐园等游乐项目免费对所有人开放。事实上，发达国家尤其是其中心城市的旅游发展战略，已经摒弃了"封闭的世界和独立的体系"这一传统旅游目的地建设思路，而是把旅游发展纳入地方经济社会发展的系统中，旅游部门的主要任务聚焦于市场推广、形象维护和管理协调。

2. 需求导向的文化和旅游公共服务

游客是出游的居民，居民是归来的游客。大众旅游进入全面发展新阶段，旅游市场进一步下沉，旅游组织方面更加散客化，旅游需求趋于多样化、个性化和品质化，大众已经不满足于文化和旅游表面的融合。文旅深层次的融合不仅需要文化和旅游产业的融合，还需要公共服务的融合。

完善的基础设施、公共服务、商业环境和文化空间，一直都是旅游城市的本底资源，也是城市旅游的强大吸引力。推动文化和旅游融合发展，扩大文化和旅游消费，需要利用好中心城区文化资源聚集和旅游客源密集的优势，以旅游消费激活公共文化资源存量，再以文化创造、科技创新和产业投资为旅游业注入高质量发展新动能。公共文化的经典形态是图书馆、博物馆、美术馆、文化馆、戏剧场，经由自上而下的空间规划，被有意识地建构成为文化地标，承载相应的意识形态和价值观。在规模经济、范围经济和密度经济的多重作用下，公共文化和休闲项目，包括新闻出版、广播电视、教育、科技等广义文化机构都会在空间上向主城区聚集，为文化参与和旅游消费提供高品质的内容、产品、服务和沉浸式的场景。

当游客不再只是坐在旅游大巴上从一个景区打卡到另一个景区；当游客越来越多地进入到目的地全域生活空间；当游客到访一个目的地时要去逛一下当地的菜市场，此时他们的旅游体验已不再只取决于旅行服务商的产品和服务，很大程度上还取决于目的地的公共治理水准和公共服务水平。以畅达便捷的交通网络、完善的集散咨询服务、规范的旅游引导标识和干净舒适的厕所卫生服务等为标志的旅游公共服务体系，是新时代旅游发展的基础支撑，也是现代化城市建设的重要部分。一个成熟有吸引力的旅游城市，不仅要有好的旅游资源，更要有好的旅游业管理水平，过硬的公共服务。散客化出行依赖的主要是公共服务，现阶段对于旅游公共服务的要求，在于构建面向散客的旅游接待与供给体系，这也是我国旅游服务中长期存在的"最后一公里"问题。随着大众旅游时代的到来，旅游公共服务供给问题也更加

凸显，建设完善、优质、高效、普惠的旅游公共服务体系，是旅游业转型升级、提质增效的内在要求，也是旅游业向高质量发展的重要保障。

保障国民旅游休闲权利，需要建设现代旅游业体系，更需要现代化的旅游公共服务。从 2011 年《中国旅游公共服务"十二五"专项规划》，到《"十四五"旅游业发展规划》，持续推动了旅游公共服务理论建设、实践创新和制度保障。没有高质量的发展，就没有游客满意和群众受益；没有安全保障，就没有旅游业高质量发展的现实基础。完善的基础设施和公共服务不仅需要从旅游交通、景区客流、气象灾害、应急救援服务等旅游安全重点、难点和热点问题出发，还要强化旅游职业教育和旅游从业人员在职培训，以及发展高水平的商业环境、高品质的生活空间等。

3. 游客的公共服务诉求与感知

旅游者在出游前需要客观、权威和公平的公共服务信息，以便于做出是否出游、去哪儿、怎么去和消费预算多少等旅游决策。在行程中则需要天气、市政、公共文化、公共卫生、服务价格等公共信息，以及交通集散和安全保障。出入境旅游还需要签证、通关等公共服务。旅游交通的便捷和安全保障，是不同时期旅游公共服务的重点，更是不同国家和地区旅游者共同的关切。近年来，伴随着旅游综合治理成效的显现，反映旅游安全问题的投诉有所减少，但是安全和品质仍然是广大游客对旅游公共服务的核心诉求。旅游的公共服务要从游客的需求端入手，努力提供使游客满意的服务。

2022 年 12 月，中国旅游研究院对旅游公共服务进行了专题调研，共收回了一万余份问卷。调查表明，超过九成的游客使用过公共服务。从使用的频率上看，有三成的游客是经常使用的，46% 的游客偶尔使用。在游客使用的公共服务中，超过 60% 发生在出游之前。从区域来看，来自华东地区的游客更关注公共服务，高达 43.43% 的游客使用过公共服务，西北地区游客中只有 4.25%。从使用客群来看，陪伴父母和孩子的旅游者对公共服务需求更大。从出游的时间来看，国庆节使用公共服务的游客占比最高。疫情期间，游客更关心旅游目的地是否有突发性公共卫生事件。2023 年以来，生产生活和旅游休闲恢复了常态，游客更关心客源地到目的地的航空、高铁和高速公路等"大交通"，以及地铁、公交、出租车、网约车、汽车租赁等目的地城市的"小交通"信息，还有旅游景区、度假区、历史文化街区和商圈流量等信息，以便及时调整行程，提升满意度和获得感。超过一半的受访者将"交通更便捷"作为旅游公共服务最重要的选项。

如何利用现代信息技术手段,让文化和旅游公共服务更有效率,已经成为游客和市民越来越关注的现实课题。需要解决的问题既包括用人工智能调节城市节假日旅游流向、流量和流速等大空间尺度问题,也包括公共厕所的建设、运维和信息推送等微观问题。游客对目的地的公共服务水平的评价基础正是对日常场景的微观感知,出租车是否打表、收现金是否找零、厕所是否收费、有没有免费卫生纸、博物馆是否需要预约、社区图书馆能否自由进出等,都是考验一座城市旅游公共服务的基础观测点。现代旅游公共服务要平等对待市民和游客,以真诚、善意和品质对待远道而来的游客。广大游客到了旅游目的地不会看旅游广告片,他会观察和感受身边的每个人,是微笑的还是满脸愁容的,是善意温暖的还是戾气冷漠的,并由此得出这座城市的文明程度和对外友好度。从这个意义上来讲,世界级旅游目的地一定是居民和游客主客共享的美好生活新空间,每个人都是城市形象的建构者和维护者,公共服务做得好的城市一定能够经得起游客的寻常打量。

多数情况下,游客到达旅游目的地,只需要一部手机就可以完成信息查询、项目选择、购买与支付、消费评价的全过程。旅游目的地城市的经济社会发展水平越高,数字化应用场景越广,游客对公共服务的便捷和效率要求就越高,而对传统的旅行社、酒店和旅游景区的分等定级的需求就不那么强烈。需要关注的是,"天价海鲜""天价大虾""诱导消费""坐地起价"等损害游客权益的行为多发生在传统的景区之外的社会餐馆、非星级酒店、商场和街区等场景和业态中,一旦处置不及时就容易引发舆情。从2023—2024冰雪季哈尔滨的市场治理效果来看,只有坚持党的全面领导,文化与旅游、市场监管、城市管理、公共安全、纪检监察、司法等部门协同配合,才能有效提升旅游领域治理体系和治理能力的现代化水平,才能逐步完善旅游公共服务体系。

4. 文化和旅游公共服务的政府主体和市场力量

20世纪的后二十年,旅游业发展方针是"入境为主、资源开发,政府主导、适度超前"。由于市场机制和市场主体的缺位,无论是签证发放和出境管理,还是航线开通、景区开发、星级饭店建设,包括旅游汽车引进和旅游厕所建设,无论是旅游公共服务,还是商业服务,都是政府主导。1993年11月,党的十四届三中全会审议通过了《中共中央关于建立社会主义市场经济体制若干问题的决定》,市场机制和市场主体逐步得以建立。旅游系统开始意识到旅游发展要充分发挥市场机制的决定性作用和企业的积极性和创造力。1999 年"国庆黄金周"标志着我国进入以国民消费为基础的大众旅游发展阶段，地方国企和民营企业开始大规模进入旅游业，进一步强化了旅游业的经济属性和市场化取向。党的十八大以来，我国旅游发展步入快车道，形成全球最大国内旅游市场，成为国际旅游最大客源国和主要目的地。旅游业从小到大、由弱渐强，日益成为新兴的战略性支柱产业和具有显著时代特征的民生产业、幸福产业，成功走出了一条独具特色的中国旅游发展之路。在此过程中，旅游系统和社会各界逐步认识到，旅游业有经济属性，也有社会文化属性；有产业属性，也有事业属性。多数旅游需求应该由市场主体按经济规律，以产品形式供给，但是还有部分需求应该由政府以公共服务方式供给。

随着经济社会发展和旅游休闲消费的增长，街区、商圈和卫星城市开始以独立、开放和共享的姿态成为文化供给的新空间，也是旅游休闲的新场景。作为文化和旅游融合空间的街区，包括北京王府井、上海淮海路、成都春熙路等商业街区，也包括南锣鼓巷、后海、大栅栏等历史文化街区，它们或以厚重的传统气息和人间烟火，或以商业文化地标而闻名。商圈的空间范围更大，地理标志也更明显，如北京的国贸、燕莎、华贸，广州的环市东路、北京路等商圈，聚集了包括电影院、小剧场、剧本秀、电竞厅、健身馆、时尚首店在内的文化休闲业态，吸引了越来越多本地居民和外来游客，特别是年轻客群的到访。值得关注的是，近年来在城市更新中涌现出一批以"里"命名的商业街区，如北京的华熙里、大悦春风里，南京的熙南里，还有杭州的天目里、劝业里，成都太古里，郑州连心里等。这些融传统与现代、休闲与旅游、商业与文化于一体的"里"，集中承载了城乡居民对繁华的想象，集中体现了近悦远来、主客共享的城市旅游发展和市场创新。那些位于近郊区且对土地资源要求高的旅游休闲新项目，如北京环球影城、上海迪士尼、广州长隆、郑州银基，以其大投资、广空间和多业态而成为城市文化新地标，并在一定程度上改变了城市的气质。

在政府、市场和社会力量的共同作用下，经典文化、大众艺术、流行音乐与城市旅游的融合创新成为当代都市旅游越来越明显的趋势。莫斯科的芭蕾舞、罗马的歌剧、维也纳金色大厅的交响乐，以及我国 20 世纪 80 年代的城市巡回诗歌朗诵会和现代艺术展，都会吸引特定人群到访一座城市。今天吸引年轻一代旅游者到访某一座城市的决定因素不完全是传统的自然和历史文化资源，也不仅是那些地标建筑，而是这些更加彰显个性化和多样性的文化休闲资源。2024 年上半年和暑期，北京、天津、西安、海南、贵州等地的演唱会、音乐节、村超、村晚，不仅获得了可观的演出收益，更是带动了数倍于此的旅游消费。北京等地的草莓音乐节让节假日的城市有了传统民俗与新潮艺术相结合的时尚，还有音乐、戏曲、舞蹈和氤氲的书香，以及彩虹合唱团、乐高乐园、星光小剧场、长安十二时辰等文化休闲项目，都在吸引新时代旅游者的到访。继"小镇旅行家"之后，00 后主导的"未来旅行家"也开始走进我们的视野，与"反向旅游""治愈旅游""微旅游、微度假"一道重塑城市旅游格局。

三、以高水平的公共服务促进文旅融合高质量发展

公共服务在文化和旅游融合发展的进程中扮演何种角色？发挥什么样的作用？体制机制还有哪些障碍，又如何改革创新？解答这些问题，需要认真学习党的十八大以来的重要会议精神，学习贯彻习近平文化思想、经济思想、生态文明思想和大国外交思想，学习贯彻习近平总书记关于旅游工作的重要指示精神，结合国情和旅情进行更加艰辛的理论研讨和实践探索，要回顾过去，更要展望未来。

1. 培育主客共享美好生活新空间

当代公共文化服务面向当地居民，也面向外来游客，努力培育居民和游客主客共享的美好生活新空间。博物馆、美术馆、考古遗址已经成为越来越多的旅游者，尤其是研学、亲子、文化旅游者的访问地。北京故宫、陕西兵马俑、敦煌莫高窟等博物院馆同时也是国家 5A 级旅游景区，杭州、上海等地以夜间经济的名义推出了"博物馆奇妙夜"，不同程度地延长了闭馆时间。但是受一类事业单位收支两条线的管理体制所限，免费开放的博物馆并没有更大的动力去吸引更多的观众和游客到访、研发文创产品和提高服务品质。除了北京的国家图书馆、广州图书馆以及北京角楼社区图书馆等少数图书馆之外，全国多数公共图书馆还很少能够听到游客到访的消息，文化馆站更是如此。在互联网阅读和数字化传播日渐普及的今天，通过让社区文化空间兼具非遗展示、文化体验、艺术策展和游客服务中心的职能，建设具有深厚文化底蕴的世界级旅游景区和度假区、文化特色鲜明的旅游休闲城市和街区，通

过文化展演、比赛等方式，利用当地富有特色的传统文化空间或美术馆、图书馆、文化公园等公共文化空间开展文化旅游公共服务活动，促进公共场所和景点里的文化传播，让游客和居民真正处在同一个空间，增加游客的旅游频次，使游客和居民产生文化认同感，拥有文化生活的参与感，同时提高当地居民的生活质量。

旅游公共服务的基础在国内市场，重点在入境市场。让 14 亿人有的游、游得起、游得好、玩得放心，这是旅游公共服务高质量发展的目标导向，也是最终评价。旅游公共服务要重点解决旅游目的地、热门景区度假区和文博场馆的可进入性、旅游消费的信息不对称和司法与行政救济不及时等热点、难点问题。很多时候，尽管旅游者意识到自己的权利受损，但是由于维权成本可能高于维权收益，相当一部分游客会放弃潜在的救济渠道。这就要求我们加强游客满意度调查和旅游服务质量评价体系建设，充分调动目的地城市和社区的积极性，广泛动员社会力量的参与，培育更多"近悦远来，主客共享"的美好生活新空间，进而吸引外国人、港澳同胞、台湾同胞和海外侨胞游客到访。

随着国际旅游市场复苏，更多国际航线恢复，中国与多国免签政策及各项便利化举措落地，境外游客来华旅游的热度持续攀升。应当加强入境游客较为集中区域的旅游服务中心外语咨询服务，提供中外文旅游地图、旅游指南等免费旅游宣传资料，完善旅游服务中心"i"标识设置，鼓励重点旅游城市向入境游客提供外文版线上信息咨询服务，推动入境游客较多的景区开发多语种预约界面，将护照纳入有效预约证件，保留必要的人工服务窗口。在签证便利化的基础上，进一步推动入境游客快速通关、住宿登记、交通出行、消费支付、景点预约等旅游服务的便利化。

2. 统筹文化建设和旅游发展

文化建设包括文化事业，也包括文化产业。旅游发展当然有消费、投资、就业等经济目标，也有领悟文化之美、增强文化自信的价值取向。建设社会主义文化强国需要高水平的公共文化体系，也需要高质量的文化产业体系。从广义的视角看，旅游也是经济属性较强的文化现象，同样需要公共文化、公共交通、科学技术和教育事业的助力和支撑。一个国家、一座城市的公共服务做好了，文化事业、文化产业和旅游业就具备创业创新的现实基础；反之，一个国家、一座城市的基础设施落后，公共服务的规模、结构和效能上不去，文化事业、文化产业和旅游业也很难发展起来。当然，公共服务不能把所有的需求，包括居民和游客的非基础需要都包下来，没有哪个地方政府有那么大的财力，也没有必要。旅游发展总体上还是要有为政府与有效市场相结合，政府提供的公共服务是面向全民的普惠而均等的公共服务。在此基础上，鼓励社会力量参与文化事业建设，发展文化休闲空间，充分保障国民的文化权益和旅游权利。

发挥旅游消费的潜力和旅游市场的活力，让陈列在大地上的文化遗产、收藏在博物馆中的文物、书写在典籍中的文字活起来，是文化和旅游深度融合的内在要求，也是新时代旅游公共服务的作为空间。在推动旅游业高质量发展的进程中，政府对国家公园、自然保护区和山水林田湖草沙等自然资源负有保护的责任，对国家文化公园、考古遗址公园、博物馆、纪念馆、非遗馆等历史文化资源负有规划、保护和合理利用的责任。如何通过基础设施建设和公共服务，推进资源的开发与合理利用，更好满足人民群众对美好生活的新需求，是旅游强国建设的根本之基和未来使命。鼓励地方政府在保护的基础上，活化利用历史建筑，丰富其旅游公共服务功能。强调在历史文化名城、名镇、名村和历史文化街区中建设旅游公共服务设施的同时，也必须符合保护规划相关要求。在国家旅游风景道、旅游航道、自行车道、步道等旅游交通基础设施建设中，坚持规划引领，为旅游发展预留利用接口。

3. 兼顾数字化时代的科技效率与人文关怀

面向未来的旅游公共服务兼具数字化和人文性，既有科技的力度，也有人情冷暖的共情。不管是智慧旅游，还是旅游智慧化，科技产品不应该只是应对险情、舆情的工具，还应该将它们的使用范围拓展至没有能力使用智能终端的老年人和行动障碍者，帮助他们方便地享受文化权益和旅游权利。如何将之转化成为内生动力，需要体制机制的创新，也需要利益机制的协调，以及对市场主体和基层从业人员的培训与关注。

受需求变迁的影响，旅游资源开发、旅游产品研发和旅游目的地建设模式发生了根本性的变化，进而对旅游标示和解说系统、停车场、集散中心、公共厕所、门票预约平台等旅游公共服务提出了全新的挑战。鼓励各地建设一批服务于旅游区（点）的旅游停车场，加大生态停车场和立体停车场建设力度，增加自驾车旅居车营地建设；增开重要区（点）直通车和旅游公交专线，在旅游景点增设公交站点，缓解旅游景区（点）交通压力；博物馆推出延时服务，优化门票预约机制，实行弹性错峰预约，动态调整门票预约数额。加强适应老年人、未成年人、孕婴、残疾人等群体需求的公共服务设施建设改造，完善旅游厕所电子地图标注。这些举措让独具特色的中国旅游公共服务表现出前所未有的力度和人文关怀的温度。

2020—2022年，各地文化和旅游空间采取大数据技术对居民和游客的行迹进行监测，并形成了核酸检测、预约访问、扫健康码入场等一系列参观流程。这些基于智能通信终端普及化的行政管制和公共服务在特殊时期是有必要的，特定时期要求"非预约，不旅游"，虽然让公众感到不便，但是总体上还是理解的。随着生产生活和旅游的常态化，考虑到旅游景区景点、度假区和文博场馆总体上并不存在供不应求的情况，绝大多数的景区景点、度假区、文博场馆是不需要预约的。这就需要文化和旅游主管部门要在详细评估的基础上，本着"应放开，尽放开"的原则，有序推进无预约旅游的发展。对于确实存在供不应求情况的热门旅游景区度假区和文博场馆，即使实行预约制，也要做更加精细的制度设计，把最大的方便让给老百姓。在实名预约过程中，游客担心个人信息泄露是很正常的事情。旅游景区度假区和文博场馆对游客个人信息要不要收集、收集到什么程度、如何收集、如何使用，均应本着必要性和最小化影响的原则依法依规办理。比如预约时提供了身份证号，手机号是否还有必要提供？收集游客的微信号和头像刷脸才能进，还是报身份证号就可以？都需有明确的规定。

4.构建政府主导、社会参与的旅游公共服务新格局

随着全面建成小康社会的实现和人们生活水平的提高，人民群众对文化和旅游公共服务的需求日益增加。文化和旅游公共服务设施建设周期长、投资大，仅凭政府一己之力难以提供有效供给。坚持"政府主导、社会参与、重心下移、共建共享"，引入社会资本，壮大文化和旅游市场主体，坚持"补齐短板、融合共享、全域覆盖"，推动文化和旅游公共服务转型升级，是扩大内需，改善供给的有力举措。倡导国土、林草、交通、环境保护、文化和旅游等部门在"多规合一"的基础上，构建"空间复合利用、土地综合开发、设施共建共享"的旅游公共服务一体化体系。

公共服务为旅游发展引高线，为旅游安全守底线。没有高质量的发展，就没有游客满意和群众受益；没有安全保障，就没有旅游业高质量发展的现实基础。针对旅游交通、景区客流、气象灾害、应急救援服务等旅游安全重点、难点和热点问题，新时代的公共服务要进一步强化优化旅游应急救援机制、旅游应急救援设施设备布局、旅游应急救援的社会参与和气象灾害预报预警，科学引导群众错峰出游。推动

旅游景区（点）消防设施建设改造，设置医疗救助站和急救点，配备急救箱和自动体外除颤仪（AED）等设备，指导 A 级旅游景区与县级以上综合医院建立定向协作救援机制、将旅游安全与应急知识教育纳入旅游职业教育和旅游从业人员在职培训。国家已对加强政策引导与法制建设、提升服务质量与管理水平、强化安全监管与风险评估、加强国际交流与合作、增强游客安全意识与自我保护能力、完善应急处理机制与救援体系等方面进行了专题部署。

完善的基础设施和公共服务、高水平的商业环境、高品质的生活空间，是旅游强国的重点建设目标，也是可行的实施路径。文化和旅游公共服务领域包括文化传承、公共设施建设、资源和环境保护、生态建设、咨询服务等，作为硬件的公共设施建设投资大、建设周期长，可以从加强规划和制度建设、拓宽项目融资渠道、完善扶持激励机制等着手，鼓励和引导多种模式，推动社会资本利用自有资金而非财政资金、以独自承建或与政府合作共建等方式参与公共文化设施和旅游景区建设。

第七章

践行全球文明倡议　建设世界旅游共同体

在浩瀚的人类历史文明画卷中，中国以其数千年的文化积淀和广袤无垠的地理景观，绘就了丰富多彩的文化旅游长卷。随着时代发展，分享中国文旅故事在全球范围内具有重要意义。它不仅是维系地理与文化的纽带，更是连接不同国家和地区人们心灵的桥梁，是一场跨越时间的深度对话。2024 年 5 月 17 日，习近平总书记对旅游工作作出重要指示："让旅游业更好服务美好生活、促进经济发展、构筑精神家园、展示中国形象、增进文明互鉴。"文化和旅游融合发展在入境旅游推广、国际旅游交流合作、港澳台旅游事务、塑造新时代国家形象等对外文化交流合作、协同共进方面发挥着日益重要的作用。只有重构国家对外旅游推广体系，提升入境旅游专业化程度，拓展文化和旅游融合发展的理论发展新空间，才能打开文化和旅游融合发展的实践创造新局面，在践行全球文明倡议、建设世界旅游共同体过程中贡献中国力量。

■ 一、文化和旅游是国家形象的受益者，也是建构者

旅游是人类长存的生活方式。中国自古以来就有"读万卷书、行万里路"的优良传统，出国旅游尤为人民所向往。在异国他乡的行程中，人们可以看见美丽的风景、体会灿烂的文化，可以体验多样的生活方式，更可以增进对多元文化的理解与包容。国之交在民相亲，民相亲在常来往，实施更加便利的签证、口岸、消费和支

付政策，优化语言和互联网环境，以更加完善的基础设施和公共服务发展入境旅游，是旅游强国建设的题中之义。在文化交流中培育国家旅游形象，在旅游推广中融合文化、艺术、科技、教育等人文交流，促进文化交流与旅游推广紧密互动，是世界各国各地区发展国际旅游的成功经验。

1. 国际经验与中国实践

文化交流在世界各国各地区的对外事务中都扮演了重要角色，在国际旅游交流合作体系中发挥了积极作用。绝大多数国家驻外使领馆均设有文化参赞和相关机构，统筹本国文化推广工作。英国在驻外 100 多个大使馆和总领事馆设有文化教育处，工作内容涉及文化、艺术、语言、教育、科学、体育和社会诸多领域。他们在促进文化交流的同时，也通过"艺述英国"（UK Now）等艺术节建构英国与世界各国人民的相互理解及信任。在长期稳定的文化战略指引下，通过驻在国家和地区的多元文化活动，英国形塑了经典、优雅和时尚的文化形象，吸引了世界各国各地区的目标客群特别是中产阶层到访。如果旅游参赞、旅游办事处和代表处没有参加旅游交易会，没有组织国内旅游机构海外路演，没有组织海外旅行社、在线旅行商和商业媒体到目的地踩线和采购，那么国家旅游形象推广工作基本上可以为大使馆的文化机构所兼容。这也是国家旅游推广工作应当，也必须加强与驻外文化和新闻机构合作的学理基础和实践要求。

文化领域的对外推广负有国家形象、历史传统和价值观传播等责任，但是这并不表示必须或只能采用传统的宣教方式。以电影文化为例，无论是对于历史、文艺、纪录，还是军事、科幻、动漫等类型的电影，欧美国家的电影工业不仅具有文化创造、技术创新和工业化的生产能力，拥有吸引观众走进电影院的文学创作、艺术表达和市场宣发的商业体系，还具有强大的 IP 转化、专业运营和产品迭代的品牌价值。从统计数据上看，2017 年，国产与进口电影单片票房的差距在持续拉大，98 部进口片贡献了 258.07 亿元票房，而 370 部国产片的票房合计才 301.04 亿元。[①]数据的背后是观众，每看一部好莱坞影片，每读一本《哈利·波特》，每听一首《英雄交响曲》，就可能多一次对作品所承载的价值观的认同，多一次对故事地和背景国家的向往，也为迪士尼、环球影城等主题公园和度假区培育了潜在的客源基础。与专业的

---

① 数据来源：2017 年 12 月 31 日，新闻出版广电总局电影局发布的数据. https://www.gov.cn/xinwen/
2017-12/31/content_5252077.htm.

旅游推广不同，文化交流的目标不是吸引客源国居民做出某项具体的旅游决策，比如选择某个目的地城市或者旅游线路，而是从价值观、立场和情感等方面影响其对目的地国家和地区的理性认知与选择偏好。与传统外宣相比，文化交流更多表现为双向互动而非单向输出，用对象国的语言体系和叙事模式寻求共情感和同理心。正是从这个角度来看，《英伦对决》制片人亚瑟·萨基森在采访中才会说，中国电影要感染外部世界，同样需要了解外部世界的思维，学会用国际化的语言和故事来吸引外部世界的观众。

美国的对外文化交流多以商业机构为载体，通过对电影、电视、戏剧、动漫、流行音乐等大众文化的市场化运作，将好莱坞电影的 IP 转化为迪士尼、环球、派拉蒙等主题公园和度假区，通过《猫》《妈妈咪呀！》等音乐剧，迈克尔·杰克逊等歌星的巡回演出，以及 NBA、橄榄球联赛、F1 赛车等体育赛事的全球推广，让世界各国人民在大众娱乐中潜移默化地接受美国的国家形象、生活方式和价值观，加上交响乐和现代艺术领域、博物馆及美术馆的巡演巡展，进一步从审美取向上影响世界各国人民对美国的文化认知，以实现对其国家旅游形象的认同。事实上，如果国家形象具有世界范围的认同度与吸引力，该国的国家旅游形象建构和推广的必要性和可行性则会相对弱化。美国的国家旅游推广并不是由某个内阁组成部门负责的，而是由商务部所属的旅行办公室、公共和私营部门合作的美国旅游推广局（Brand USA）、旅游行业的非营利组织美国旅游协会（USTA）、国家旅行商协会（NTA）等机构协同推进。值得关注的是，作为联邦制国家，美国各州中的部分城市也有自己的海外推广机构，洛杉矶会议和旅游推广局就是其中比较活跃的代表。澳大利亚、英国、德国、日本等发达国家，也是旅游发达国家，都有国家、地方和城市多层次旅游推广机构，旅游推广机制和推广手段也是很多元的。

在驻在国大使馆之外设立文化交流的专业机构，也是发达国家的通行做法，如韩国文化院、德国歌德学院等。它们往往以教育、研究和文化交流等非政府组织的形式出现，经费以财政保障和公益性基金为主，人员由文化和教育主管机构、民间文化团体派出，有时也以文化志愿者的身份出现。这些机构与派出国和驻在国的文化、艺术、教育和旅游部门多有互动，同时为了扩大经费来源，有时也是为了淡化其政府背景，而与商业机构加强合作。香奈儿公司与巴黎政府有着长期的合作计划，每年都会在世界各地举办多场路演活动，在其面向全球的邀请函上都会附有巴黎大区的旅游指南。西班牙国家旅游局联合地方政府，规划开发了大量穿越经济欠发达乡村地区的旅游线路，以文化的名义向其主要客源市场推广。这些旅游项目既有带状文化遗产，如彰显伊斯兰文化和历史古迹的安达卢西亚之旅、凸显犹太文化的塞法迪之旅、强调建筑遗产的古城堡之旅、主打美食文化的葡萄酒之旅、以文学名著为 IP 的堂吉诃德之旅；也有点状文化遗产，如"国家旅游驿站"旗下的 97 家酒店，超过半数或者本身即古迹，或者位于重要的古遗产区域内，包括城堡、寺院、修道院、国家公园和世界遗产景区等。

2. 中国故事与共同价值

2019 年，中国已经是全球最大的出境旅游客源国和第四大入境旅游目的地国家。每年数亿人出境旅游者，既是中国故事的倾听者，也是中国故事的讲述者。中华优秀传统文化有着不可替代的吸引力，在中华优秀传统文化创造性转化和创新性发展的过程中，旅游扮演着极其重要的角色，发挥不可替代的作用。通过向世界讲好中国文旅故事，可以有效展现中国各民族独特的民俗风情与地域文化，有助于世界更好地了解中国深厚的历史底蕴与丰富的文化内涵，增进国际社会对中华文化的理解和尊重。

常来常往的游客要欣赏山水林田湖草沙的美丽国土，要领悟中华文明五千年的灿烂文化，也要看见 14 亿人民的幸福生活。中国文化和旅游资源丰富多样，从云南三江并流保护区、四川大熊猫栖息地、青海可可西里等世界自然遗产，到北京故宫、西安兵马俑、苏州古典园林等世界文化遗产，一批文化底蕴深厚的世界级旅游景区度假区渐成气候。中国文旅体验空间和消费场景日新月异，从淄博的烧烤、天水的麻辣烫，到哈尔滨的冰雪、泉州的簪花和潮汕的英歌舞；从深圳的节日大道、广州的"小蛮腰"，到成都的春熙路、重庆的洪崖洞，一批文化特色鲜明的旅游休闲城市和街区火热出圈。讲述新时代的文旅故事，有助于激发海外游客来华旅游的热情，促进世界范围内的交流合作。

党的十八大以来，中国文化和旅游资源在有效保护、科学规划的基础上得到了合理利用，国内旅游、入境旅游、出境旅游和国民休闲全面发展，已经成为全球旅游经济繁荣发展不可或缺的市场支撑。旅游领域的产业投资、资源开发、业态培育和市场创新空前活跃，中国旅游集团、华侨城、首旅、锦江、岭南、携程、春秋、开元、华住、方特、海昌海洋公园等旅游企业的市场竞争力和国际影响力不断提升。讲述中国文旅产业政策、发展规划、项目建设、文旅融合、科技创新等方面的实践与成效，对全球文旅市场的繁荣发展，对世界文旅产业的转型升级、全球旅游发展格局的优化重构，都将起到积极的促进作用。展示中国在遗产保护、绿色旅游、智慧旅游、文明旅游，以及旅游促进城市更新和乡村振兴等方面的成就与经验，有利于推动全球文旅产业可持续发展和高质量发展。

■ 二、建设旅游推广新体系，拓展人文交流新格局

1. 入境旅游离不开对外宣传和人文交流

我国对外文化条线与旅游推广，还处于互动协同的初级阶段，融合、创新和高质量发展还有漫长的道路要走。从大外宣的视角来看，文化交流主要有外交、文化和旅游、宣传、新闻、统战、侨务、教育、科技、体育这么几条线。在中央外交外事工作的整体框架下，条线和机构之间有职能分工，有合作，也有一定的工作协调，但是总体上尚未形成统一的对外宣传和旅游推广合力，旅游对外推广体系也没有主动对接的意识和整体统筹的能力。

一是文化和旅游系统。国际交流与合作局为对外对港澳台文化交流和旅游推广的主管业务司局，中外文化交流中心负责项目筹划和推广统筹，海外文化设施建设管理中心负责基础设施建设，前方执行机构为驻在国的文化中心和旅游办事处，目前已有超过 60 家机构。这是海外旅游推广体系中文化和旅游融合的主阵地，标志性项目为全球联动的"欢乐春节"和"你好！中国"。需要说明的是，国际交流与合作局的前身是新中国成立初期，直属于中央政府的对外文委，后整体并入原文化部。2018 年党和国家机构改革，原国家旅游局的国际司和港澳司整体并入该局。在中央各部委的对外交流和港澳台事务的司局级机构中，无论是多达 25 个处室的内设机构，党组织设立的基层委员会，还是驻外大使馆和领事馆的文化处，以及 60 多家海外文化中心和旅游办事处，其"三定"都是引人注目的。

二是统战和侨务系统。负责海外华人华侨的文化联络和人员沟通工作。标志性项目为创办于 2009 年的春节慰侨访演的"文化中国·四海同春"。该项目坚持精益求精、以文动人、以文化人，与国内高水平文艺院团合作，主要面向海外华人华侨群体，近年来也吸引了部分本地居民前来观演。2018 年春节，共组织了 6 支艺术团

组，分赴五大洲 16 个国家的 29 个城市，共演出 33 场。[①] 为丰富当地华人华侨群体的文化生活，挖掘文化资源和演艺人才，侨办系统协助各地组建"华星艺术团"，并定期来国内交流。它与国内文化馆的组织与运作模式相比，更具有文艺社团的概念，华人演、华人看的同时，也起到海外文化传播的作用。

三是宣传和新闻传播系统。主要工作机构包括对外推广局和五洲传播中心，主要承担党和国家领导人的经典文献、国家级宣传项目的多语种翻译和出版发行工作。多语种的国家画报《人民画报》，重大纪念日的《中国》等大型画册，《习近平论治国理政》等重大文化外宣工程，均是该系统的重点建设项目。近年来，在世界各地建设的"中国馆"渐有统一平台之势。中央广播电视总台、新华社、《人民日报》等中央媒体也有对外文化推广的功能。遍布全球各地的记者站、办事处等机构，以及多语种的国际广播电台、电视频道、报刊的海外版等都是海外文化宣传的主渠道，也是国家旅游形象建构和海外国际旅游推广的重要平台。其经费预算、专业力量和内容品类远超文化和旅游系统，应当也可以在对外文化交流和旅游推广体系中发挥更大的作用。

四是教育、科技和国家汉办系统，标志性项目是孔子学院。孔子学院依托众多的海外高校，在全球范围内广泛布局，在知识阶层具有广泛的影响力。在留学生派遣和招收、科技会议举办、文化课程输出等方面做了大量工作，让更多外国人和华人华侨对中华优秀传统文化产生了兴趣和认同感。

2. 中央和地方旅游推广体系建设新思路

文化和旅游部组建后，外联局和国际司、港澳台司重组为国际交流与合作局（港澳台办公室），根据"三定"规定，该局既有政策拟定和指导管理等政府管理职能，也有具体任务的执行职能，包括"承担政府、民间及国际组织在文化和旅游领域交流合作相关事务。组织大型文化和旅游对外及对港澳台交流推广活动"。与此相关的机构还有文化和旅游部直属的中外文化交流中心、海化文化设施建设管理中心，以及国家文物局所属的中外文物交流中心等。从近三年工作来看，其主要着力点在于中央确定的相关项目，以及双边和多边国际合作协议的落实工作，如"亚洲旅游促进计划""中意文化和旅游年""上海合作组织旅游部长会"等项目或会议的筹备

---

① 数据来源：2018 "文化中国·四海同春" 慰侨访演圆满收官. https://www.chinaqw.com/zhwh/2018/03-07/181039.shtml.

和成果落实。从国家旅游形象培育的推广、海外旅游推广机构的内容供给、年度重点活动策划、执行与评价等方面来看，类似于"品牌美国"（Brand USA）、"法兰西之家""韩国观光公社""日本交通公社"等拥有国家旅游推广职能的机构尚处于缺位状态。现在的对外文宣机构，包括文化和旅游部内设的国际交流与合作局，更多是文化外交、旅游外交的属性，无法有效解决驻外文化和旅游机构对年度工作计划拟定、市场推广策略和内容供给方面的专业诉求。

在旅游行政主管部门下设专职的旅游推广机构是以 G20 为代表的发达国家的惯例，也符合全国旅游发展大会精神。可以考虑适时组建文化和旅游部直属的事业单位"你好！中国"中心，承担国家旅游推广局的职责，条件成熟时可以成立由文化和旅游部管理的副部级机构——国家旅游推广局。与此同时，鼓励地方政府和国际旅游目的地城市设立专业对外旅游推广机构，审慎有序地推进重点城市在主要海外目的地城市设立旅游推广机构。之所以强调城市，而非省级行政单元，是因为国际经验表明，相对于省和自治区，城市更容易成为拥有高辨识度的入境旅游目的地。在海南自由贸易港总体方案的框架下，三亚市成立了旅游推广局，每年 4000 多万元的预算中，3000 多万元用于海外推广。从属性上看，该局不是文化和旅游局这样带有行政管理职能的政府机构，不是文化交流中心这样的事业单位，也不是行业协会和民办非企业，而是属于带有探索性的"法定机构"。有必要对三亚旅游推广局进行学理性案例研究，形成可复制可推广的海外旅游推广案例。

3. 写好新时代中国故事的叙事文本

讲述丰富多彩的旅游资源。我国拥有广袤的国土空间、丰富的自然资源和深厚的历史文化资源，这些构成了中国文旅故事的坚实基础支撑。通过对中华优秀传统文化的当代表达以及专业化的市场推广，依托规划建设中的国家公园、自然保护区和自然公园体系，借助长城、大运河、长征、黄河、长江五大国家文化公园以及"一带一路"建设，统筹对中国的世界自然遗产、文化遗产、非物质文化遗产的保护与利用。旅游既是中华优秀传统文化的受益者，也是当代文化和现代文明的创造者。诸如印象丽江、只有红楼梦、二分明月追忆扬州、南京喜事、夜上黄鹤楼、大唐不夜城等文旅项目，让海内外更多游客了解到一个从黄山到黄河、山河壮丽的中国，热爱上一个从《诗经》到《红楼梦》、风雅多姿的中国。

讲述文旅融合的创新发展。当前时期，中国的自然风光和人文历史依然对国外游客有着强大的吸引力，小康社会的生活方式也成了文化交流和旅游推广的全新动力。北上广深等一线城市以及重庆、成都、武汉、杭州、宁波、郑州、天津等国家中心城市，其基础设施、公共文化、经济发展和人民生活水平已接近发达国家平均水平。大兴机场、CBD、广州塔、京沪高铁、浦东新区、港珠澳大桥等标志性建筑和区域，正与故宫、兵马俑、殷墟、良渚等一起成为展现国家旅游形象的新载体。在这个繁荣富强的国度里，在这片美丽富饶的土地上，退休老人在公园里锻炼健身、在广场上欢快跳舞，年轻人在博物馆、科技馆、美术馆、戏剧院流连忘返，让更多海内外游客了解到一个从积贫积弱走向全面小康、自强不息的中国，热爱上一个从戏剧院到菜市场、人民幸福的中国，了解到一个从"嫦娥"奔月到"天眼"探秘、仰望星空的中国，热爱上一个从共建"一带一路"倡议到构建人类命运共同体、和平发展的中国。

讲述以人为本的旅游服务。旅游是一种异地的生活方式，一个地方旅游经济的发展，要有旅游形象和宣传推广体系，更要有健全的交通基础设施和公共服务、完善的市场主体培育体系和商业环境。良好的基础设施、公共服务和商业环境所构成的美好生活新空间，已经成为现代城市的共同追求，也是人民群众幸福感、获得感和满意度的关键支撑。2002年，杭州西湖率先实施免门票模式，还湖于民，还湖于游客，西湖被游客称为"全国性价比最高的5A级景区"。全国很多城市公园已经或者正在进行开放和共享导向的更新改造，把绿地、绿道、广场和公园等休闲空间还给市民和游客。越来越多的城市坚持以人民为中心的发展理念，将公共空间和休闲场所设计得更加人性化。宽阔的街道和宏伟的建筑是城市发展的要素，却不是城市休闲的全部。无论是街区景观小品的建设，还是公共文化、交通节点、信息服务和旅游厕所，越来越多的城市有意识降低空间规划的集中度，将其分散融入日常的生活场景和休闲空间。从人本旅游出发，中国的文旅故事将告诉世界：城市、街区和乡村的旅游发展的高度，从来都不取决于为少数人服务的力度，而取决于公共服务和商业环境为本地市民和外来游客服务的温度。

4. 提升文化和旅游的全球话语能力

打造专业人员队伍。讲述文旅故事的专业队伍建设至关重要。这支队伍需要由一群对文旅充满热爱和拥有专业知识的人员组成。他们不仅要深入了解文旅的内涵与历史，更要具备敏锐的洞察力和创新思维，能够从独特的视角挖掘出文旅故事中的精彩之处。在专业能力上，他们要具备优秀的表达能力和沟通技巧，能将文旅故事生动形象地呈现给受众。同时，还要掌握跨文化交流的能力，尊重不同文化背景，确保故事的传播准确且有效。只有这样一支专业队伍，才能更好地向世界讲述中国文旅的精彩故事，展现其独特魅力，让更多的人了解和喜爱我们的文化与风景。

传播渠道需实现多元化与创新化。在国际传播中，要充分利用各种渠道来扩大中国文旅故事的影响力。传统媒体如电视、报纸等仍具有重要作用，可通过制作高质量的纪录片、专题报道等，向世界展示中国文旅的魅力。同时，要积极拓展新媒体渠道，如社交媒体平台、视频分享网站等，利用其互动性强、传播速度快的特点，发布吸引人的图片、视频和文字内容，引发广泛关注。此外，还可与国际知名旅游平台合作，开展线上推广活动。创新传播方式也是关键所在，比如利用虚拟现实（VR）、增强现实（AR）技术，让受众身临其境地感受中国文旅的精彩，增加互动体验和吸引力。

注重受众需求与互动交流。充分了解全球受众的需求和兴趣是成功传播的基础。不同国家和地区的受众有着不同的文化背景和喜好，因此要进行有针对性的传播。如对于亚洲国家受众，可以强调文化的同源性和亲切感。同时，要注重与受众的互动交流，倾听他们的声音和反馈，通过举办线上线下互动活动，邀请受众参与体验中国文旅，收集来自世界的意见和建议，不断改进传播内容和方式。还可以培养一批对中国文旅感兴趣的国际"粉丝"，让他们成为传播的使者，带动更多人了解和喜爱中国文旅。通过与受众的紧密互动，提高传播效果，让中国文旅故事在世界范围内产生更大的影响力。

三、践行全球文明倡议，建设世界旅游共同体

1. 建设世界旅游共同体的时机已经成熟，条件已经具备

建设世界旅游共同体是全球旅游业可持续发展的需要。旅游是人类长存的生活方式，保障世界各国各地区人民自由往来，在相互交往的过程中各美其美、美美与共，是世界各国各地区共同的责任。近年来，气候与环境变化、公共卫生事件、战争和恐怖袭击、贸易保护主义和逆全球化对旅游业的影响日趋增加。为应对长期挑

战，推进疫后旅游复苏和经济增长，应推动公共和私营部门形成新时代旅游发展的思想共识、政策合力和动能创新。回顾历史，在文化中心主义、经济霸权主义和地缘政治影响下，全球旅游治理、政策协调和市场协同机制还没有完全取得预期效果。长期以来，对于旅游产业功能，特别是目的地经济增长的过度强调，正在面临环境保护、文化生态、过度旅游等发展伦理的拷问。践行全球文明倡议，构建世界旅游共同体，对于稳住消费预期、培育产业创新动能和重塑全球旅游供应链，具有十分明显的现实意义。

建设世界旅游共同体是世界经济社会可持续发展的需要。旅游业对经济社会发展和文明演化既有积极影响和促进作用，也有诸如旅游"飞地"、过度旅游、文化冲突、道德弱化、环境负面影响等需要正视的问题。从经济影响的角度看，旅游业对不同国家和地区的影响也不尽相同，欠发达国家和地区在全球旅游经济体系中获得的份额相对较低。根据世界银行的数据，国际游客主要到访的目的地仍然以80个高收入经济体为主，其他130多个中低收入经济体的国际游客接待量占比在1995年仅有27%，之后虽有小幅增长，2019年也只达到37%（图7-1）。只有让世界各国各地区都能够从旅游发展中获得增长经济、增加就业岗位、削减贫困、推进社区振兴、保护传统和文化遗产等收益，这个世界才能变得更好，旅游业才可能持续发展下去。人民旅游权利意识的觉醒，特别是新兴经济体、发展中国家在世界旅游发展格局中的崛起，为世界旅游共同体、共商共建全球旅游新格局的建设奠定了扎实的基础。

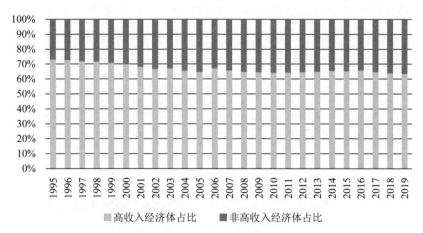

图 7-1　高收入和中低收入经济体入境旅游接待人次占比（1995—2019）

* 数据来源：世界银行数据库

建设世界旅游共同体有助于全球旅游治理体系和治理能力的现代化。文明交流超越文明隔阂、文明互鉴超越文明冲突、文明包容超越文明优越，是全球旅游治理的理想目标和共同价值。循此思想，各国各地区的政府部门和公共机构有责任引导旅游者、从业者和社区居民正确地看待相互之间的差异，理性地处理彼此的分歧。旅游立法、旅游发展规划、市场监管、公共安全机构最大限度地保障每个人的旅游权利，旅游投资、项目建设、旅行服务、旅游住宿、餐饮、购物和休闲娱乐企业向旅游者提供安全、平等、高效率和高品质的接待服务，环球旅行者在领略山河壮美、领悟文化之美的同时，也充分尊重目的地经济社会发展的权利。需要各国各地区在明确主权范围内的旅游发展决策权和旅游市场管理权的同时，共商共建面向未来的全球旅游发展战略，寻求最大公约数，画出最大同心圆。无论是跨境交付、自然人流动，还是商业存在，都要在广泛协商的基础上，凝聚最大限度的发展共识，帮助不同文化背景、不同发展程度的国家和地区选择相应的旅游发展模式，维护目的地人民合理表达利益发展诉求和分享旅游发展成果的权利。

2. 在全球文明倡议指引下，共建共享世界旅游共同体

促进文明交流互鉴，繁荣世界文明百花园是构建世界旅游共同体的指导思想。伴随政治、宗教、外交、教育、贸易等活动而来的旅行有着悠久的历史，踏青、登高、雅集、访友、宦游等本地休闲和近程旅游活动也多见于文献记载，如李白、苏东坡、徐霞客的人文之旅。启蒙运动、工业革命和贸易的扩展，推动了旅行与旅游服务的市场化进程。1841 年，托马斯·库克创办了第一家旅行社（Thomas Cook & Sons Ltd.），拉开了近代旅游业的帷幕。围绕为什么发展旅游、为谁发展旅游、依靠什么发展旅游和发展什么样的旅游，世界各国的政治家、企业家和专家学者在过去的两百年里，提出了一系列的旅游经济思想和政策主张，为世界旅游共同体构建了理念共识和价值取向。

表 7-1　近代以来世界旅游发展思想及其演化

时间	关注重点	基本观念和政策主张
19 世纪末至 20 世纪 30 年代	游客人数、逗留时间和消费能力。	旅游活动被普遍地视为一种具有重要经济意义的活动。 发展旅游更多地为了经济增长。

续表

时间	关注重点	基本观念和政策主张
20世纪40年代至50年代	不仅仅是经济；以综合的视野看待旅游。	旅游现象本质是具有众多相互作用的要素和方面的复合体，这个复合体是以旅游活动为中心，与国民、保健、经济、政治、社会、文化、技术等社会中的各种要素和方面相互作用的产物。需要通过多学科综合研究，需要多维度的解决方案。
20世纪60年代	大众旅游和旅游权利；旅游的经济影响、社会影响和环境生态影响。	旅游就是"发展"。更好地发挥"乘数效应"（multiplier effect）、减少"漏损"（leakage）、解决大量游客涌入接待地引起的物价上涨等问题。以综合方式消解旅游发展带来的结构压力。 旅游既是经济手段，也是政治工具。
20世纪70年代	旅游业的可持续发展。	开始倡导可持续的旅游发展。联合国教科文组织（UNESCO）通过发布《保护世界文化和自然遗产公约》等方式，在发展战略制定、旅游资源合理利用和保持生态平衡等问题上达成共识。
20世纪80年代	将旅游现象作为与社会诸多方面存在交叉、重叠关系的社会综合体；关注共同价值。	在学科上提出跨学科研究的观点。 《马尼拉世界旅游宣言》强调："旅游可以成为世界和平的关键力量，并能为国际理解和相互依赖提供道义和理智的基础。"指出世界和平和安全为旅游业的发展创造条件，世界旅游又为世界和平和建立新的国际经济秩序作出贡献。《马尼拉世界旅游宣言》阐述了世界旅游业发展的基本原则是公正、主权平等、不干涉内政、国家之间相互合作，发展国际旅游的最终目标是提高所有人的生活水平，改善生活条件，维护人的尊严。
20世纪90年代	旅游业的全球化。	政府间强化国际合作，制定共同的旅游政策。世界旅游组织先后发出《负责任的旅游倡议》《世界旅游组织全球旅游倡议》等一系列倡议。
21世纪初至今	旅游业的信息化；以人民为中心的发展理念；景观之上是生活。	充分利用电子技术、信息技术、数据库技术和网络技术及现代传播媒介，对旅游实体资源、旅游信息资源、旅游生产要素资源进行深层次的分配、组合、加工、传播和销售。 将推进人的全面发展和精神层面的共同富裕作为新时代的发展目标，不仅强调经济属性，也强调文化内涵；不仅有产业功能，也有事业目标；不仅要市场供给，也要公共服务。 构建面向新需求，依托新动能，分工深化和链条延展的现代旅游业体系。 推进文化和旅游深度融合，发展大众旅游、智慧旅游、绿色旅游和文明旅游。

保障旅游权利，促进人的全面发展是世界旅游共同体的发展目标。让不同地域、不同肤色、不同文明的人在这颗蓝色的星球上自由行走，万卷书易读，万里路不难，则是当代旅游发展的价值取向和根本遵循。共存共要求不同的旅游行为主体相互承认彼此的独特存在，尊重彼此的意愿和权利，并愿意在此基础上进行良性互动。

旅游者有分享世界自然和文化遗产、体验不同文化和美好生活的权利，目的地居民也有追求经济社会发展和生活水平现代化的权利。所有国家和地区都有权选择自己的旅游发展道路，制订相应的促进政策和发展规划，平等参与国际旅游事务并发表独立见解，所有国家和地区的旅游发展实践都应受到充分尊重，成功的案例都应得到认可和推广。出现包括地缘政治在内的贸易分歧和争端时，也应当通过双边对话和多边协商的方式寻求解决之道，而不是采取签证、移民、支付等技术壁垒手段，更不能以退出或者要求其他国家退出国际组织和多边机制相威胁。

建设世界旅游共同体需要共商共建共享，每位成员都要承担共同而有区别的责任。共商共建意味着广泛吸纳东方和西方、资本和社会、政府和市场的多元力量参与，摹画和塑造全新的全球旅游治理体系。各行为主体必须尊重其他行为主体共商共建的合法权利，尊重其他行为主体提升自身在全球旅游规则制定权、议程设置权和国际话语权方面的努力。全球旅游治理的改善过程应当充分考虑各行为主体的合理诉求，任何独断专行和垄断国际话语权的做法和意图都是不可接受的。在促进全球旅游治理体系和治理能力现代化进程中坚持"共同但有区别"的原则，尽可能地增强新兴经济体和发展中国家在全球旅游治理中的权利，以增加全球旅游发展伦理的合意性。所有成员在关心自己旅游发展的同时，也必须关心其他成员的旅游发展，世界旅游发展成果要尽可能惠及所有国家和地区的消费主体、市场主体和社区居民，特别是欠发达国家的妇女、儿童、老年人、残疾人等弱势和边缘群体。

3. 建设世界旅游共同体的中国政策主张

着眼当下，共建疫后旅游新格局。疫情过后，高质量旅游复苏、携手前行已成为全球旅游业的广泛共识。但是旅游业面临的全球性问题并没有随之消失，重构面向未来的供应链、实施共建共享的旅游可持续发展体系的挑战更大了。世界人民期盼旅游助力和平与发展，期盼更加公平正义的旅游发展，也期盼更加包容、更有韧性的全球旅游治理机制。中国正在加速重归世界旅游体系，应当稳步开放入出境旅游市场，实施更加便捷和高效的签证、移民、口岸、边检和金融支付政策。实施更加有力的入境旅游振兴战略的同时，加快推进亚洲旅游促进计划、"一带一路"旅游合作计划，加快与东盟、拉美、非洲、中东欧、南太平洋岛国的旅游合作进程，不再谋求任何时候对任何国家和地区的旅游和旅行服务贸易顺差。用好世界旅游组织、世界旅游与旅行理事会、亚太旅游协会、欧洲旅游委员会等传统的国际旅游组织，世界旅游联盟、世界旅游城市联合会、国际山地旅游联盟等中国发起的国际旅游组织，创新双边、多边、区域和全球旅游合作机制，繁荣市场、扩大投资，重构世界旅游经济新格局。

面向未来，共商文明旅游新共识。长期以来，我们对旅游业的认识是经济属性强、市场化程度高的现代服务业。今天，该是重视旅游的社会属性并彰显其对文化建设和文明演化作用的时候了。坚持以文塑旅、以旅彰文，推动文化和旅游深度融合，促进旅游业健康、有序和高质量发展。坚持大众旅游的人民性、智慧旅游的现代化、绿色旅游的未来感和文明旅游的世界观。保持量的合理增长和质的有效提升，让国民大众"有得游、游得起、游得舒心、玩得放心"，将"游客满意度高不高""市场主体竞争力强不强""发展动能新不新"作为新时代旅游业高质量发展的衡量指标。中国对世界旅游业的贡献不仅是持续增长的出境旅游人次和消费，还有新时代旅游发展的思想、智慧和力量。引导游客与自然和谐共生，与文化遗产守望相助，与当地居民平等交流，努力构建开放共享主基调的文明旅游新境界。

用好平台，创设旅游合作新机制。经过四十多年的发展，中国不再寻求任何时候对任何国家都保持旅游和旅行服务贸易顺差，而是强调立足国内旅游大市场，统筹入境和出境旅游双循环，更好地满足人民对美好旅游生活的需求，为世界旅游繁荣和经济增长做出更大贡献。通过"亚洲旅游促进计划""一带一路"倡议、上海合作组织、亚太经合组织等多边机制，以及互办旅游年、中国—中东欧国家博览会等双边、多边活动，让世界共享中国机遇。统筹协调外交、移民、海关、口岸、工业与信息化、金融、文化和旅游等部门，实施更加便利化的签证、边检、支付、物流政策，以更高品质的国内资源开发、产品创新和公共服务满足海外游客的居停需求。重点推进与欧盟、东盟、东亚、东北亚、非洲、拉美和中东国家的旅游合作，将游客满意和旅游权利纳入发展议题，稳步实现世界旅游共同体的早收清单。

第八章

文旅融合新趋势与高质量发展新要点

"诗和远方"已经成为民众追求美好生活的生动实践，旅游业正步入繁荣发展新时期。市场规模扩张与需求升级、市场主体扩容与迭代创新、行政主体治理能力现代化等，是推动文化和旅游深度融合发展的基础动能。当新周期叠加新需求，以技术创新为代表的新质生产力将引领旅游经济新方向，新的空间结构也将带来新的发展格局。具有中国特色的产业实践，应当也必然孕育出具有中国特色、中国气派的文化和旅游融合发展理论。

■ 一、美好生活新理念与现代产业新趋势

1. 人民的美好生活是新时代旅游发展的价值取向

1979 年，邓小平同志发表了著名的"黄山谈话"，拉开了我国"创汇导向、入境为主"的现代旅游业发展序幕。随着经济社会发展和人民生活水平提高，国内旅游和出境旅游于 20 世纪 90 年代中后期开始萌芽和兴起。到了 21 世纪初，国内旅游人数达到入境旅游人数的 10 倍，出境旅游人数也超过了入境旅游人数。2019 年，国内、入境、出境三大旅游市场分别为 60.06 亿人次、1.45 亿人次、1.55 亿人次，换算成百

分比是 95.2 : 2.3 : 2.5。[①] 2006 年我国城乡居民年人均出游次数超过 1 次，2011 年超过 2 次，2015 年接近 3 次，2018 年超过 4 次，我国迎来了大众旅游发展新时代。[②] 在旅游成为人们日常生活有机组成部分的同时，旅游活动也进入了目的地城市和乡村的日常生活空间，旅游业的高质量发展需要更高层次的文化引领和创新驱动。

从旅游活动到旅游业的发展，是一个历史过程。只有在近代旅游活动实现规模化并出现了有组织的旅游活动之后，旅游业才真正成为一个产业。从本质上说，旅游业是为人们进行旅游活动提供产品和服务的市场主体的总和，是从需求侧导出的产业，是旅游者定义旅游业，而不是旅游业在定义旅游者。当越来越多的游客希望体验当地生活方式，从戏剧场到菜市场，一切与美好生活有关的空间和场景，都会成为越来越重要的旅游吸引物。小红书的"菜市场漫游指南"、豆瓣的"菜市场爱好者"已经成为旅游流量新入口，淄博的烧烤、哈尔滨的冻梨也一再证明，近悦远来、主客共享构建了当代旅游发展的底层逻辑。

旅游促进文明交流互鉴，是人类命运共同体建设的重要力量。国之交在于民相亲，民相亲在于人往来。面对面的人际交流、身临其境的实地体悟，有利于不同国家和地区之间的文明交流和文化理解。每年 3 亿人次入出境旅游者，已成为增强中华文明传播力、影响力的重要媒介。通过吸引更多的入境游客到来，可以让境外人士切身感受到可信、可爱、可敬的中国形象。随着生活水平的提高，出国旅游更为广大民众所向往，中华文化也将更多地伴随着人们的足迹传播到世界各地。通过互办旅游年、实施"亚洲旅游促进计划"和"一带一路"旅游交流合作，我国旅游业为世界旅游繁荣发展做出了中国贡献，也推动了人类命运共同体建设。

2. 文化参与的多样化与旅游消费的个性化

大众旅游新时代，游客的出游动机、组织方式发生了根本性变化，越来越多的城乡居民走出家门，以个性化的旅游方式追求日常生活的美好。旅游消费者的成熟、消费分层的加剧和消费热点的快速变迁，深刻改变着旅游资源的供给方式，使旅游产业的边界更加模糊。

与大众旅游初级阶段相比，当前旅游消费进入以个性化为主的新阶段。一是散

---

① 数据来源：中华人民共和国文化和旅游部 2019 年文化和旅游发展统计公报．https://www.mct.gov.cn/whzx/ggtz/202006/t20200620_872735.htm.

② 数据来源：原国家旅游局和文化和旅游部历年抽样统计数据整理。

客化和自助化趋势加剧。随着旅行经验的丰富，加上通信、信息和大数据技术的加持以及现代金融支付和公共服务体系的支撑，游客对旅游活动的品质和体验有了更高追求。目前，经由传统旅行社组织和接待的国内游客不到全部出游人数的 3%，[①] 更多人选择自行安排行程并购买相应的服务。二是休闲化和品质化提升。传统的自然山水和历史文化仍然是旅游初体验者的本底需求，但指向现代生活和时尚潮流的休闲度假需求明显上升，"慢生活""一地深度游""反向旅游"以及无景点出游、微度假、疗愈旅游等旅游方式开始兴起。三是分众、多样和个性化需求快速增长。90 后、00 后年轻人是新时期大众旅游的主体，他们的生活消费观念和价值取向正在重塑旅游组织方式和旅游消费方式。受益于我国庞大的旅游市场规模，任何个性化旅游需求都可能形成高价值的细分市场，进而带动业态创新。

需求变迁推动了资源、供给和业态创新，也在倒逼旅游市场主体的迭代升级。从改革开放到 20 世纪末期，饭店、景区、交通、旅行社、餐饮、娱乐、厕所等旅游要素的投资和运营主体主要是国有资本。随着以国民消费为基础的大众旅游兴起，携程、同程、美团、马蜂窝、开元等一大批面向散客服务的新兴民营旅游企业快速成长。今天，旅游电商、票务平台、俱乐部和网络社区取代了传统旅行社成为旅行服务商的主体，经济型酒店、特色民宿与星级饭店共同构成了多元化旅游住宿业，街区、商圈、度假区和旅游景区构成了旅游休闲新空间，过去定点的旅游餐饮、旅游购物与社会餐饮、社会商业已经实现最大限度的融合。产业融合对旅游治理体系和治理能力现代化也提出了新要求，城市和国家旅游形象的建构与推广中，文化、艺术、传媒、互联网所起到的作用越来越大。旅游资源开发、业态培育、公共服务和市场监管同样离不开国土、农业、水利、交通、科技、体育、外交、移民、公安等部门的配合与协同。

3. 旅游资源的泛在化供给与旅游产业的现代化转型

伴随资本、科技、文化、艺术、时尚生活和创意人才等新动能的积聚，越来越多的市场主体跨界而来，旅游产业传统边界趋于消失，旅游产业格局开始重构。在大众旅游发展初级阶段，旅游业的发展动能是自然资源和历史文化资源，主要模式是"圈山圈水卖门票"。今天的旅游业已经进入了"品质需求引导供给创新，创新供

---

① 数据来源：课题组专项调研数据。

给推动需求升级"的良性循环，新产品、新业态和新商业模式不断涌现。永麒科技、国际数据集团（IDG）等科技公司以文化和艺术的名义，让城市和街区的夜晚变得更有故事性和高频消费的可能。泡泡玛特进军城市乐园，与洛宝贝星光小剧场、乐高乐园一道开启了城市更新"小而精、小而美、小而暖"的大门。哈啰、美团、青桔在旅游休闲城市和度假区大规模投放共享自行车和电动助力车，让游客在小交通领域有了更多的选择。随着文化、体育、科技、交通和旅游在更深程度、更广范围、更高层次的融合发展，以及人工智能、先进制造、数字化为代表的新质生产力的广泛应用，露营旅游、冰雪旅游、美食旅游、体育旅游、海洋旅游、旅游演艺，以及近郊休闲、城市漫游、避寒避暑等业态不断地翻新迭代，旅游市场主体新一轮创业创新的高潮加速到来。

旅游是传播文明、交流文化、增进友谊的桥梁。2020 年 1 月，习近平总书记致"中国意大利文化和旅游年"贺信中指出，"希望中意文化和旅游界人士共同描绘古老文明新时代对话的绚丽景致，为世界文明多样性和不同文化交流互鉴作出新贡献。"2024 年 5 月 22 日，习近平总书记向第十四届中美旅游高层对话致贺信："旅游是中美两国人民交往交流、相知相近的重要桥梁。"从新中国成立之初的民间外交，到当前以中外旅游年等形式增进国际交流合作，新中国成立以来，旅游一直是中华文明的传播者、文化交流的民间使者，是增强中华文明传播力影响力和提升国际话语权的软实力的贡献者。受签证便利化等多重利好因素的影响，政府和企业发展入境旅游的信心明显上升。随着国力增长和政策优化，中国公民出境旅游市场将继续扩容。谋求任何时候对任何国家保持旅游服务贸易顺差，是不必要，也不可能的。

新开放格局在形塑新时代入出境旅游发展的同时，提供了国际旅游交流与合作的更多可能性。虽然自然风光和历史人文仍是吸引境外游客到访的主要吸引物，但民族复兴和人民幸福的中国梦已经成为入境旅游吸引力的基本内容和全新动能。北上广深等一线城市和重庆、成都、武汉、杭州、宁波、郑州、天津等国家中心城市，大兴机场、北京 CBD、中国尊、广州塔、京沪高铁、浦东新区等地标性建筑和区域，正在与故宫、兵马俑、殷墟、良渚等文化遗产一起成为入境旅游发展的时代载体。华为和小米等中国企业及其产品，也成为入境游客来华旅行的重要目的地和购物选择。出境旅游不仅为全球旅游业繁荣发展做出了主体性的贡献，还有效服务了大国外交战略。我国出境旅游带来的千万人次交往、千亿美元产出已经成为"一带一路"倡议践行中最为显著的"可视性"成果。"爱国者治港""爱国者治澳"为内地与港澳旅游交流合作提供了最大公约数，有力维护了香港、澳门长期繁荣稳定，确保了"一国两制"实践行稳致远。大陆与台湾的旅游交流合作继续在复杂形势下坚强发展，为推进祖国完全统一积蓄力量。我国在国际旅游交流与合作中的话语权进一步增强，成立了世界旅游联盟等一系列中国倡议的国际旅游组织，旅游领域新国际规则的制定中有了越来越多的中国声音、中国立场，以人类命运共同体为指引的旅游交流合作议题正在成为世界瞩目的焦点。

■ 二、加快建设旅游强国，推动旅游业高质量发展

发展旅游业是推动高质量发展的重要着力点。2024 年 5 月 17 日，全国旅游发展大会在北京召开。习近平总书记对旅游工作作出重要指示，充分肯定了我国旅游业取得的突出成就，强调"着力完善现代旅游业体系，加快建设旅游强国""推动旅游业高质量发展行稳致远"。

1. 旅游是战略性支柱产业、民生产业和幸福产业

旅游业日益成为新兴的战略性支柱产业。党的十八大以来，以习近平同志为核心的党中央高度重视旅游工作，引领我国旅游发展步入快车道，旅游业日益成为新兴的战略性支柱产业和具有显著时代特征的民生产业、幸福产业，中国旅游成功走出了一条独具特色的发展之路。"十三五"时期，旅游及相关产业增加值占国内生产总值比重保持增长态势，旅游业对国民经济的综合贡献超过 10%，[①] 我国迎来了大众旅游全面发展新时代和繁荣发展新周期。旅游是最终消费、综合消费，关联性高、辐射面广、带动性强，具有"一业兴、百业旺"的特征。发展旅游的效益是宏观的，也是具象的。2023 年，全国 15721 家 A 级旅游景区直接从业人员 160.7 万人。[②] 随着旅游市场下沉和需求升级，旅游消费趋于多样化、个性化和品质化，现代旅游业进入了"品质需求引导供给创新，创新供给推动需求升级"的良性循环，旅游业与其他产业跨界融合、协同发展，新产品、新业态和新商业模式不断涌现。随着文化、艺术、科技、体育、交通和旅游的融合发展，以及以人工智能、先进制造、数字化

---

① 数据来源：根据国家统计局数据测算。
② 数据来源：文化和旅游部《2023 年文化和旅游发展统计公报》。

为代表的新质生产力的广泛应用，自驾、高铁、邮轮、冰雪、避暑、美食、体育＋旅游、旅游＋康养、旅居、度假，以及红色旅游、研学旅游新需求和新业态的持续涌现迭代，新一轮旅游投资和创业创新的高潮正在来临。

旅游业是具有显著时代特征的民生产业、幸福产业。旅游是修身养性之道，中国人民自古就崇尚"读万卷书，行万里路"。旅游承载了文化传承和文明创造的新使命，增强文化自信、提升文化软实力是旅游强国的时代要求。随着全面建成小康社会的实现，人民的物质需求得到了极大满足，精神文化层面需求越来越突出，因此更加期待书生意气的研学和家国天下的旅行。2020年9月，习近平总书记在教育文化卫生体育领域专家代表座谈会上指出，"文化产业和旅游产业密不可分，要坚持以文塑旅、以旅彰文，推动文化和旅游融合发展，让人们在领略自然之美中感悟文化之美、陶冶心灵之美。"发展旅游有利于促进人的全面发展和精神层面的共同富裕，在传承中华优秀传统文化、弘扬革命文化、发展社会主义先进文化、创造现代文明方面扮演着越来越重要的角色，发挥了越来越积极的作用。

2. 发展旅游业是推动高质量发展的重要着力点

习近平总书记指出："新时代新征程，旅游发展面临新机遇新挑战。"党的十八大以来，旅游发展进入快车道，市场规模持续扩大，旅游供给体系日臻完善，绿色旅游、智慧旅游等新业态快速兴起，人民群众在旅游中体验到的获得感和幸福感与日俱增。新一轮科技革命和产业变革深入发展，为推动旅游业从资源驱动向创新驱动转变提供了有利条件，广大游客的多样化、个性化和品质需求，也在牵引基础设施和公共服务的完善，以及旅游业的创新研发和服务提升。也要看到，旅游业发展不平衡不充分的问题仍然突出，距离满足人民对美好生活的新期待、建设旅游强国、推进旅游业高质量发展行稳致远还有一定差距。

旅游业高质量发展要保障游客权益，也要让群众受益。人民群众对优化节假日调休、落实带薪休假、解决旅游旺季热门景区和文博场馆预约难、停车难、上厕所难、强迫消费、诱导消费、价格欺诈、大数据杀熟，以及完善面向散客和自驾游的公共服务体系，有着越来越迫切的期待。旅游要让游客满意，也要让群众受益。目的地居民的就业机会多了，导游、领队、研学旅游指导师、宴会定制服务师等一线旅游从业人员的薪酬待遇和社会声誉提高了，旅游业高质量发展才会行稳致远。异国他乡的游客有欣赏美丽风景和分享美好生活的需求，本地居民有扩大增收和高质量就业的要求。部分旅游目的地发展过于关注来访游客和投资机构的增长，一定程度上忽视了基层员工和当地居民的利益，个别地区出现了具体的利益冲突，进而影响了旅游业长期可持续发展。有必要将旅游对目的地城市和乡村的产业发展、居民就业和生活水平提高的带动作用，纳入旅游业高质量发展的重要指标，并采取务实有效的措施推动其实现。

旅游业高质量发展要着力提升传统产业能级。旅游业经济属性强、市场化程度高，旅游投资机构和市场主体规模庞大、类型多样，包括以旅行社、在线旅行商和导游为代表的旅行服务商，以酒店和民宿为代表的旅游住宿商，以景区、度假区、休闲街区为代表的旅游休闲运营商，以及汽车租赁、地图导航、语言交互、移动支付等科技创新企业。旅游企业竞争力的强弱直接决定了旅游业的发展质量，以及资本、技术和研发创意等要素后续投入的水平。广大游客的品质需求正在倒逼旅游供给侧创新和结构性优化，依托山山水水的自然资源和历史文化遗产建景区、收门票的传统旅游发展模式，正在被科技研发、文化创意、场景创建驱动的现代旅游发展模式和新业态所取代。

3. 以旅游业高质量发展推动旅游强国建设

要建设旅游强国，推动旅游业高质量发展行稳致远，必须牢牢把握目标任务，着力解决突出问题，坚持"守正创新、提质增效、融合发展"，统筹"政府与市场、供给与需求、保护与开发、国内与国际、发展与安全"，系统谋划、科学布局、优化供给、深化改革。到 2035 年，我国入出境旅游规模将居世界前列，旅游经济总量在国民经济中的比重将接近世界平均水平，培育一批具有世界影响力的旅游城市、旅游景区、度假区和休闲街区，拥有一批具有国际竞争力的旅游集团和服务品牌，并基本建成旅游强国。

为更好贯彻全国旅游发展大会精神，需要出台专项文件，进一步明确建设世界旅游强国和推进旅游业高质量发展的指导思想、战略目标、重点任务和工作举措，在经济建设、政治建设、文化建设、社会建设、生态文明建设方面同步布局，大力推进旅游业与国民经济相关产业融合发展。完善国家旅游发展议事协调机制，成立国家旅游发展顾问委员会，加强旅游高端智库建设，构建国家旅游发展理论和具有前瞻性的政策研究体系。培育新型国家旅游线路，形成点状辐射、带状串联、网状协同的旅游空间格局。地方党委和部门党组结合所在地方和领域的具体情况，学习研究解决建设旅游强国、推进旅游业高质量发展所面临的具体问题，形成因地制宜、因领域制宜、与时俱进发展旅游业的新举措，形成各地各条线的普遍共识和自觉行动。

习近平总书记一直强调，生态资源和人文资源是发展旅游的基础，一旦被破坏，旅游经济就成了无源之水、无本之木，"绿水青山就是金山银山""冰天雪地也是金山银山""推动形成绿色发展方式和生活方式"。山水林田湖草沙等自然空间，要在充分保护的基础上有序开放，让保护成果更好造福人民群众。习近平生态文明思想为旅游发展进程的经济效益和社会效益的统一提供了方向，明确了路径，有效推动了冰雪旅游、避暑旅游、生态旅游的发展。经过多年的实践创新，我国已经形成了一批广为市场接受的森林游、草原游、山地游和观鸟、科普、研学等旅游新产品。发展旅游要对历史文化做扎实深入的研究。对历史文化名城、街区、村镇的整体保护和活态传承，要"留人、见物、有生活"。面向方兴未艾的城市漫游、县域旅游和乡村旅游，要立足地域特色，保存乡土文化，完善配套设施，用"小而精、小而美、小而暖"的旅游产品和服务，营造更多主客共享、宜居宜游的休闲环境。依托国家公园、自然保护区和山水林田湖草沙等自然资源，有序发展生态旅游和研学旅游。依托国家文化公园，用好世界级、国家级和地方历史文化资源及非物质文化遗产，培育更多兼顾社会效益和经济效益的文物主题游径。

习近平总书记指出，旅游业是新兴产业，方兴未艾，要像抓"厕所革命"一样，不断加强各类软硬件建设，推动旅游业大发展。[①]重点推进文化底蕴深厚的世界级旅游景区和度假区、文化特色鲜明的国家级旅游休闲城市和街区建设，培育更多有国际影响力的最佳旅游乡村，更好满足本地居民休闲需求、旅居者生活需求和旅游者度假需求。旅游休闲街区要挖掘传统文化，彰显本地文化自信并形成可视可触可感的生活环境与街区氛围，以时尚、健康和科技塑造街区的未来。重点培育一批具有世界影响力和国际竞争力的世界一流旅游集团和服务品牌，坚定不移地支持国有、民营和股份制旅游企业做大做强。积极引导和扶持新型旅游市场主体，积极帮助传统业态向市场化、现代化过渡，支持有条件的旅游企业"走出去"，推动旅游产业国际化布局。引导旅游企业强化科技应用和文化创造，加快培育旅游业高质量发展所必需的文化、艺术、科技、创投等新质生产力，持续推进业态创新、模式创新和产

---

① 习近平：坚持不懈推进"厕所革命"努力补齐影响群众生活品质短板. https://news.12371.cn/2017/11/27/ARTI1511758742960776.shtml.

品创新。大力发展智慧旅游，提升旅游便利度和体验感，倡导旅游向善，为老年人、残障人士等特殊群体提供有温度的关爱服务。

三、加快建设以人民为中心的国家旅游发展理论

大众旅游进入全面发展新阶段以后，旅游愈发成为人民美好生活的日常选项和刚性需求。在市场下沉至广大农村居民、消费基础进一步扩大的同时，新阶段也提出了从产业和事业两种属性、国内和国际两个基础、资源和市场两个方面重新思考旅游发展理念的新要求。

1. 学习习近平文化思想，面向人民美好生活，构建新型现代化语境下的国家旅游发展新理念

新时期旅游发展的核心目标是保障人民的旅游权利。坚持以人民为中心的发展理念和工作导向，通过公共和私营部门的共同努力，让广大城乡居民有的游、游得起、游得开心、玩得放心，让"读万卷书、行万里路"的梦想照进广大人民群众的现实。在承认经济属性强、市场化程度高，坚持产业导向的基础上，政府要将那些带有民生和事业属性的发展目标，如提升国民素质、社区居民获得感和游客满意度，作为旅游业更为优先的选项。

将旅游工作的重心放到城市，重点下沉到乡村。城市以其巨大的消费潜力、完善的基础设施和公共服务、便利而高效的商业环境兼顾旅游客源地、集散地和目的地的多重角色。新时代的旅游工作重心要进一步转移到城市中来。以北京、上海、成都为顶点的大三角和粤港澳小三角城市群，是释放旅游消费潜力、促进入境旅游发展、推动旅游市场内生性创业创新的基础支撑。与此同时，要将更多的财政、金融、发改和产业政策向中西部和广大农村地区倾斜，加强对旅游目的地分类指导，推动城乡旅游协调发展。

新时期旅游发展要坚持"以文塑旅、以旅彰文"，务实推进文化和旅游更深程度、更高层次和更广范围融合发展。既要强调中华优秀传统文化与旅游的融合发展，也要重视红色文化和社会主义先进文化与旅游的融合创新。既要巩固国民经济战略性支柱产业的地位，也要引进新质生产力培育文化新空间、创新旅游新场景，努力

将旅游业建设成为人文经济的优先领域。

2. 学习习近平经济思想，着眼高质量发展，培育旅游产业新动能

持续扩大旅游消费的市场基础，面向下沉市场和需求升级，务实推进国内旅游提升计划。积极引导社会投资，充分发挥市场力量，在不断满足城镇居民旅游需求升级的同时，将更多的政策资源向广大农村和中西部地区倾斜，让告别物质贫困的农村居民也能够享受文化、休闲和旅游等精神层面的升级。以游客满意为导向，进一步完善面向散客的旅游公共服务体系，不断提高游客满意度和获得感。进一步释放重大文化项目带动效应，加快建设一批文化底蕴深厚的世界级旅游景区和度假区、文化特色鲜明的国家级旅游休闲城市和街区、世界级旅游城市、国际旅游目的地，丰富优秀文艺作品和优质旅游产品供给。培育一批文化属性强、科技含量高、示范带动性强的"航空＋旅游""高铁＋旅游""公路＋旅游""航运＋旅游""旅游＋节事""旅游＋购物""旅游＋艺术"等新业态，创造更多面向新需求的旅游空间和消费场景。

推进旅游领域供给侧结构性改革，进一步扩大对外开放，培育更有竞争力、影响力和引领力的旅游市场主体。政策千万条，市场第一条，有了稳定的消费预期和市场信心，企业家和创业者才知道该做什么，以及如何做得更好。要给企业家更多的信任，给从业者更多的鼓励。实施市场主体培育计划，发挥中国旅游集团 20 强的资本、技术、人力资源的创新研发优势，避免渠道商与供应商之间的零和博弈，做好实体经济和人文经济增量文章。激发中小微型企业和个体工商户的创业创新活力，培育旅游领域的"专优特精""小巨人"。

强化科技应用和文化创造，加快培育旅游业高质量发展所必需的文化、艺术、科技、创投等新质生产力。以 Chat GPT 为代表的人工智能技术正在从根本上改变人们的生产生活和旅游方式，数字化已经成为旅游企业的生存要件。优秀传统文化、红色革命文化、社会主义先进文化和正在创造的现代文明，正在重构文化新空间和旅游新场景。从城市更新到乡村振兴，现代化进程创造出来的主客共享的美好生活新空间，开始成为产业创新发展的新动能。

系统评估央地两级既有政策效能，加强统筹协调和分类指导，务实推进旅游目的地精品化建设和特色化发展。依托国家文化公园、国家公园和国家旅游线路建设，加强跨省市的旅游规划和专项建设的统筹协调工作。为推动旅游业从萧条走向复苏，

中央和地方政府出台了大量的政策文件，举办了大批政府主导的会议、论坛和招商引资活动，对稳预期和提信心起到了不可替代的作用。当旅游经济步入正常发展轨道后，各级政府和旅游行政部门要下决心管住"闲不住的手"，让市场的归市场，政府的归政府。旅游发展大会要有必要的绩效评价，不能不分地区、不分层级地全面复制和大规模推广相同的评价模式。

推进组织变革与业态耦合，构建大旅游时代的产业促进和综合治理体系。在自助出行、自主消费的时代，旅游行政主管部门不仅要抓旅行社、导游、星级酒店、A级旅游景区和度假区，更要推动旅游与文化、与体育、与科技，与国民经济各行业和社会发展各领域的多元业态耦合，推动更多基础设施和公共服务赋能旅游发展。随着更多投资机构和市场主体的跨界进入，旅游部门要加强与国土、海洋、林草、交通、市监、工信、网信等部门的联动，形成与大旅游时代相适应的治理体系。

3. 贯彻落实习近平总书记关于旅游工作的重要论述和批示指示精神，稳步推进国内、入境和出境旅游三大市场协调发展

一是国内旅游扩容提质。国内旅游已经进入繁荣发展新阶段，旅游业应适应市场下沉和需求升级的趋势，促进更多中小城镇和农村居民加入到旅游进程中，推出更多优质旅游产品，最大限度地满足广大游客个性化和多样性需求，实现国内旅游市场量的合理增长和质的有效提升。定期开展游客需求调查和统计数据分析，通过数据共建、共享和报告发布，指导市场主体把握游客新需求。

二是入境旅游全面振兴。在经历改革开放到21世纪前十年的快速发展后，入境旅游发展进入了长达十年的平台期。随着外交、移民部门推出的外国人来华入境便利化政策，以及国际航空运力的稳步恢复，旅游部门要尽快出台促进入境旅游发展的一揽子计划，进一步提高入境旅游的战略摆位，促进入境旅游者深度体验城乡目的地的美好生活。加强与"一带一路"、上合组织、金砖机制、"中国—东盟"等国际机制的协同，将旅游纳入我国倡导建立的多边平台战略议题，扩大成员国之间的旅游交流合作，进一步夯实国家外交的民意基础。由旅游促进境内外文化交流、经贸合作，面对面讲好中国故事，务实有效地提升国家形象。

三是出境旅游安全有序。出境旅游发展是开放水平和综合国力提高的体现，21世纪以来，我国出境旅游市场经历了长达二十年的高速增长，现已进入稳定发展期。从长期来看，保持对每个国家和地区每个时期的旅游贸易顺差，既无必要，也

没可能。确保我国公民在海外旅行的安全、便利、平等和品质，应是新时期出境旅游的政策取向。让更多国家和地区分享我国出境旅游的发展红利，不断提升我国在世界旅游发展体系中的话语权和影响力，建设世界旅游共同体。落实习近平总书记在2019年亚洲文明对话倡导的"亚洲旅游促进计划"，推动亚洲各国在文明对话过程中吸纳更多的涉旅市场主体，让旅行商、航空公司、餐饮行业等主体更多参与进来，并扩大教育、科研、智库和传媒机构的比重。

四是推动建立国家旅游发展议事协调机制，成立国家旅游发展顾问委员会。推动建立国家层面的旅游发展议事协调机制，定期研究签证、移民、海关、口岸、航权、免税购物、金融支付、语言环境等出入境旅游与旅行政策，在中央决策后为行政主管部门的政策创新提供支持。畅通面向旅游及相关企业在税收、奖补、金融、信贷、用地、就业创业、水电气网等方面的政策协调，确保面向广大文化和旅游市场主体的政策落实。成立由党和国家领导人牵头的国家旅游发展顾问委员会，办事机构设在文化和旅游部，邀请国际一流的专家学者和企业家定期研商涉及旅游业中长期发展的战略问题。

五是实施国家旅游服务质量提升工程。充分发挥数据和科技新要素的作用，建立新时代以游客满意为核心的旅游市场高质量发展评价体系，常态化开展全国游客满意度调查。加强对重点城市、重点领域、重点部门的专业指导和市场监管，不断完善面向散客的服务体系建设，从游客视角倒逼旅游产品和服务质量提升、目的地环境优化。

4. 培育旅游创业新主体，重构旅游产业新格局

引导旅游企业服务国家，满足游客期待，营造有利于旅游业高质量发展的市场环境。企业是以营利为目的的商业组织，既要用好其商业创新能力，也要防止资本无序扩张，更不能触碰意识形态红线和安全生产的底线。在党的领导下，在法治框架下，面向新需求、研发新产品、创造新模式，不断提升游客满意度和社区获得感，是国家旅游发展战略之所系，也是旅游市场主体职责之所在。旅游投资机构和市场主体要自觉服务于国家旅游发展战略，做阳光下的生意，才能行稳致远。

引导旅游企业培育文化、艺术、科技、资本和企业家精神等新质生产力。要引导市场主体适应数字化生存环境，持续推进业态创新、模式创新和产品创新，成为新时代服务广大民众美好生活需要、建设现代化旅游产业体系、推动旅游业高质量

发展的生力军。通过体制机制改革，让国有旅游企业更加市场化，市场行为更加专业化，企业家预期更加稳定，信心更加充足。扩大"中国旅游集团20强""旅行社100强""饭店集团20强"以及世界级旅游景区和度假区的品牌宣传，树立更多的行业标杆。培育一批科技应用能力强、产品创新能力强、产业链引领控制能力强的世界一流综合性旅游集团，培育一批质量效益优、成长性较好、带动力强的具有全国性影响力或区域性影响力的综合性旅游集团，主动开放自身的技术体系和产业链为小微企业赋能，形成开放合作的新型产业生态。

引导旅游企业追求竞争优势而不是垄断地位，构建开放共创的产业生态。只有面向C端的技术研发和商业创新让国民大众共享经济发展的成果，并以现代商业文明引领生活方式的演化，才可能成长出伟大的企业。新时代的旅游住宿、旅游景区和度假区、旅游零售、旅游演艺等市场主体，需要将更多的精力放在消费端的产品质量和服务效率上。新时代的旅游企业，需要将发展战略定位于长期的竞争优势，而不是短期的垄断地位上。以长期主义和利他思维，建设国家放心、人民满意、可持续发展的世界级旅游企业，形成一批产业特色鲜明、分工合作高效的旅游产业集群，助力国家级和世界级的旅游目的地建设。

加强政策保障，激活市场主体活力。完善旅行社的旅游服务质量保证金制度，让沉淀的资金流动起来。同等质量标准下，依法支持旅行社和星级饭店参与政府采购和服务外包。引导金融机构结合自身业务和旅游企业生产经营特点，优化信贷管理，丰富信贷产品，支持旅游设施建设运营。试点旅游项目收益权、旅游项目（景区）特许经营权入市交易、备案登记试点工作。鼓励在依法界定各类景区资源资产产权主体权利和义务的基础上，依托景区项目发行基础设施领域不动产投资信托基金（REITs）。支持符合条件的企业通过多层次资本市场上市挂牌融资和发债融资。加强校企合作，建设产教研融合共同体，加大对产业融合、复合型、跨行业、实践型的旅游企业短缺人才的培养。重塑旅游产业形象，提升旅游产业吸引力，要让旅游产业成为一个受人尊敬的行业，不拘一格降人才，广纳天下英才为旅游企业所用。

5. 丰富国家旅游形象，创新旅游推广体系

习近平总书记指出，"旅游是传播文明、交流文化、增进友谊的桥梁，是人民生活水平提高的一个重要指标。"从新中国成立之初的民间外交，到当前以中外旅游年等形式增进国际交流合作，新中国成立以来的旅游发展一直是中华文明的传播者、

文化交流的民间使者，增强了中华文明传播力影响力，提升了我国的国际话语权和软实力。习近平总书记从全球文明发展的视野提出了"构建人类命运共同体"理念，为世界旅游共同体建设提供了支撑。依托我国强大旅游市场的优势，统筹用好国内国际两种资源、国内旅游和入出境旅游两个市场，以新型国家旅游形象和旅游推广体系，推进国际交流合作，深化文明交流互鉴，是在全球政治经济形势日趋复杂的环境下的重要选择。

以承载民族复兴和人民幸福的社会主义先进文化，展现美好中国，重塑国家旅游形象。多年来，孔子、京剧、功夫等文化符号构成了世界对中国的文化想象，也是我国对外文化交流的重要载体。承载中华民族自强不息精神的革命文化、承载民族复兴和人民幸福的社会主义先进文化，也应当进入到海外文化中心和旅游推广场景中，展示一个自强不息、现代时尚又传承历史的美好中国。

加强市场化导向和专业化建设，构建国家旅游对外推广新体系。文化交流和旅游推广是新格局的塑造者，也是新格局的受益者。推动建立"中央牵头，地方协同，部门抓总，中心抓建，企事业单位协同创新"的工作体系，建立国家层面的旅游发展议事协调机制，在中央决策后为行政主管部门的政策创新提供支持。从工作层面，宜借鉴发达国家和地区的经验，适时组建市场化导向、专业化运作的国家旅游推广机构。在全球推广的进程中，要尽力说工作对象听得懂的语言，以彼此能够接受的方式，讲述他们听得懂的中国故事，从而达到传播中国文化与形象的战略目标。完善中外文化和旅游交流合作机制，通过办好中西文化和旅游年、海外中国旅游文化周，办好中国国际旅游交易会，推进边境旅游试验区、跨境旅游示范区建设，形成新型传播体系。

深化文明交流互鉴，建设世界旅游共同体。在人类命运共同体理念的指引下，旅游业要践行全球文明倡议，推动公共和私营部门形成新时代旅游发展的思想共识、政策合力和动能创新。加快构建世界旅游共同体，让不同地域、不同肤色、不同文明的人在这颗蓝色的星球上自由行走，繁荣世界文明百花园。用好出境旅游的消费潜力和投资优势，创造更多企业主导、市场运作、世界认可的新型交流机制和合作平台。

参考文献

［1］（奥）庞巴维克著；陈端译.资本实证论［M］.北京：商务印书馆，1964.11.

［2］（巴西）特奥·科雷亚，陈科典，刘春泉著；谢怡，沈礼莉译.流动消费者：数字化时代的未来增长与品牌管理［M］.上海：上海交通大学出版社，2019.09.

［3］（德）马克思，（德）恩格斯著；刘潇然等译.马克思恩格斯书信选集［M］.北京：人民出版社，1962.10.

［4］（法）让·波德里亚原著；刘成富，全志钢译.消费社会［M］.南京：南京大学出版社，2000.10.

［5］（美）布莱恩·阿瑟著；贾拥民译.复杂经济学：经济思想的新框架［M］.杭州：浙江人民出版社，2018.05.

［6］（美）布莱恩·阿瑟著；曹东溟，王健译.技术的本质：技术是什么，它是如何进化的［M］.杭州：浙江人民出版社，2014.04.

［7］（美）凡勃伦.有闲阶级论［M］.北京：商务印书馆，1964.

［8］（美）赫伯特·马尔库塞著；刘继译.单向度的人：发达工业社会意识形态研究［M］.上海：上海译文出版社，2016.12.

［9］（美）黄仁宇著.万历十五年［M］.北京：中华书局，1982.

［10］（美）科斯著；盛洪等译.企业、市场与法律［M］.上海：上海三联书店，1990.10.

［11］（美）斯特恩斯著；邓超译.世界历史上的消费主义［M］.北京：商务印书馆，2015.01.

［12］（美）熊彼特著；何畏等译.经济发展理论——对于利润、资本、信贷、利息和经济周期的考察［M］.北京：商务印书馆，1990.06.

［13］（英）罗纳德·费舍尔.研究工作者的统计方法［M］//科茨.S.，约翰逊，N.L.（编）.统计学

的突破：方法和分布．纽约：施普林出版社，1970：66-70．

［14］（英）亚当·斯密著；孙善春译．国富论［M］．北京：光明日报出版社，2012.06．

［15］戴斌，李鹏鹏，马晓芬．论旅游业高质量发展的形势、动能与任务［J］．华中师范大学学报
（自然科学版），2022，56（01）：1-8，42. DOI：10.19603/j.cnki.1000-1190.2022.01.001．

［16］戴斌，李仲广，何琼峰，等．游客满意：国家战略视角下的理论建构与实践进路［J］．旅游学
刊，2014，29（07）：15-22．

［17］戴斌，李仲广，肖建勇著．当代旅游发展理论文丛 游客满意论 国家战略视角下的理论构建和
实践进程［M］．北京：商务印书馆，2015.07．

［18］戴斌，阳玉平．新质生产力视域下我国旅游的理论建构与实践研究——中国旅游研究院院长、
博士生导师戴斌教授访谈［J/OL］．社会科学家，2024，（03）：3-9［2024-08-13］．http://kns.
cnki.net/kcms/detail/45.1008.C.20240613.1126.046.html．

［19］戴斌，张杨著．当代旅游发展理论文丛 旅游消费论［M］．北京：商务印书馆，2021.11．

［20］戴斌，周晓歌，夏少颜．论当代旅游发展理论的构建：理念、框架与要点［J］．旅游学刊，
2012，27（03）：11-17．

［21］戴斌．高质量发展是旅游业振兴的主基调［J］．人民论坛，2020，（22）：66-69．

［22］戴斌．加快建设旅游强国推动旅游业高质量发展［J］．红旗文稿，2024，（12）：25-28．

［23］戴斌．开创文化和旅游融合发展新时代［J］．新经济导刊，2018，（06）：51-56．

［24］戴斌．科技创新与现代旅游业体系建设［J］．中国国情国力，2022，（10）：1.DOI：10.13561/
j.cnki.zggqgl.2022.10.001．

［25］戴斌．论文化和旅游融合发展的企业主体性［J］．发展研究，2021，38（12）：1-7．

［26］戴斌．数字时代文旅融合新格局的塑造与建构［J］．人民论坛，2020，（Z1）：152-155．

［27］戴斌．文旅融合时代：大数据、商业化与美好生活［J］．人民论坛·学术前沿，2019，（11）：
6-15. DOI：10.16619/j.cnki.rmltxsqy.2019.11.100．

［28］戴斌．文旅融合新动能与旅游经济未来方向［J］．人民论坛，2024，（11）：62-67．

［29］戴斌．游客与市民共享的生活场景才是商业创新的源泉［J］．旅游学刊，2018，33（02）：3-4．

［30］范周．中国文化产业40年回顾与展望1978—2018［M］．北京：商务印书馆，2019．

［31］费孝通著．江村经济——中国农民的生活［M］．北京：商务印书馆，2001.03．

［32］韩晗．拓新·立新·创新：新中国文化产业七十年［J］．东岳论丛，2019，40（11）：14-31．

［33］黑辰红．让文化与旅游完美结合——访河南禅源文化旅游公司总经理延楠［J］．改革与理论，
1999（03）：62-63．

［34］毛泽东著．星星之火，可以燎原［M］．北京：人民出版社，1951.10．

［35］申葆嘉．旅游研究中的经济和文化问题［J］．旅游学刊，1991，（01）：2-5，28．

［36］宋子千，马晓芬.国内文化和旅游融合发展模式和机制研究述评［J］.旅游论坛，2023，16（05）：119-128.DOI：10.15962/j.cnki.tourismforum.202305062.

［37］孙尚清.发展旅游经济的战略思考［J］.管理世界，1989（01）：120-125.

［38］杨小凯.社会经济发展的重要指标——基尼系数［J］.武汉大学学报（社会科学版），1982（06）：73-76.

［39］于光远.旅游与文化［J］.瞭望周刊，1986（14）：35-36.